Die Geheimnisse
hinter unseren
Redewendungen

Thomas Hollweck

Die Geheimnisse hinter unseren Redewendungen

Ein Blick in die Vergangenheit
der Alltagssprache

Vorstellung und Erläuterung
der gebräuchlichsten Redewendungen
unserer Zeit

*Bibliografische Information der
Deutschen Nationalbibliothek:*

*Die Deutsche Nationalbibliothek verzeichnet diese Publikation in der
Deutschen Nationalbibliografie. Detaillierte bibliografische Daten
sind im Internet über http://dnb.dnb.de abrufbar.*

*© 2017 Thomas Hollweck
2. Auflage Januar 2017
Herstellung und Verlag:
BoD - Books on Demand , Norderstedt
ISBN: 978-3-7431-1513-2
Printed in Germany*

Vorwort

Redewendungen tauchen in unserer Alltagssprache immer wieder auf, oftmals ganz unbemerkt. Erst beim genauen Hinhören merkt man, dass das Gesagte in seiner wörtlichen Darstellung überhaupt keinen Sinn ergibt. Denn warum sollte man eine Kurve kratzen? Oder einen Zahn zulegen? Eine Eselsbrücke bauen? Ins Gras beißen? Oder seinen Senf dazugeben?

Es muss mehr dahinter stecken, als die Redeweisheit auf den ersten Blick offenbart. Folgt man dem zunächst unscheinbaren Spruch in seine Vergangenheit, so zeigt sich plötzlich, dass eine unerwartet reale Entstehungsgeschichte dahinter steht. Diese zu erfahren lüftet das Geheimnis um das Sprichwort, und offenbart so manche Überraschung über das Leben unserer Vorfahren.

Aus diesem Grund folgte ich bereits seit vielen Jahren den mir unbekannten Redewendungen nach, um ihnen die geschichtlichen Geheimnisse zu entlocken. Hörte ich eine neue Weisheit, bei der ich die dahinterliegende Geschichte noch nicht kannte, so fing ich das Recherchieren an und war erst dann zufrieden, nachdem ich deren Geheimnisse vollständig aufgedeckt hatte. Ein hierzu genutztes Notizbuch füllte sich im Laufe der Zeit immer mehr, und barg damit einen großen Schatz an Wissen in sich.

Irgendwann dachte ich mir, dass es sich lohnen würde, die bekanntesten heute noch genutzten Redewendungen zusammenzutragen und niederzuschreiben. Das Ergebnis halten Sie gerade in Ihrer Hand. Dieses kleine Buch beinhaltet einige der wichtigsten Redewendungen, die bis heute durch unsere Alltagssprache geistern. Ich hoffe, dass Sie ähnlich erstaunt und erfreut über das sind, was Sie auf diesen Seiten herausfinden werden.

Ich empfehle übrigens, das Buch nicht einfach nur zu lesen, sondern sich bei jeder neuen Redewendung zunächst einmal selbst Gedanken zu machen, wo diese herkommen könnte. Erst dann, wenn Sie selbst eine Idee hinsichtlich des Ursprungs haben, sollten Sie die Erläuterungen dazu lesen. Sie werden so manche Überraschung erleben.

Thomas Hollweck
Berlin im Januar 2017

Ab durch die Mitte!

Diese Redewendung stammt aus der Sprache des Theaters und ist in ihrem ursprünglichen Sinn eine Regieanweisung: Die auf der Bühne befindlichen Darsteller bekamen Anweisungen wie *ab nach rechts* oder *ab nach links*, und eben auch *ab durch die Mitte*. Heutzutage wird der Spruch dann benutzt, wenn jemand schnell verschwinden soll.

Es gibt eine weitere Redensart, die auf den Theaterbühnen entstand: *Kein Blatt vor den Mund nehmen*. In ganz frühen Zeiten des Mittelalters waren Theaterstücke zunächst geprägt von religiösen Themen. Erst später kam es in Mode, auch andere Bereiche der Gesellschaft zu bespielen, unter anderem politische Stücke. War das auf der Bühne gesagte aber zu heikel, so bestand in der damaligen Zeit das Problem, dass der Schauspieler die Obrigkeit erzürnen und verhaftet werden könnte. Um so etwas Unschönes zu vermeiden, entschied man sich, bestimmte Passagen von unbekannt bleibenden Personen spielen zu lassen. Diese liefen mit einem Blatt Papier auf die Bühne, das sie sich vor das Gesicht hielten. Sie konnten nun das sagen, was sie wollten, aber niemand war in der Lage, die wahre Identität hinter dem Papier zu erkennen. Noch ein bisschen die Stimme verstellt, und das Geheimnis um die darstellende Person war perfekt. Die Schauspieler trugen im wahrsten Sinne des Wortes *ein Blatt vor dem Mund*.

Schließlich stammt auch die Redewendung *In der Versenkung verschwinden* aus dem Theater, denn dort gab es unter der Bühne bestimmte Mechanismen, die die Darsteller mitsamt dem Boden nach unten befördern konnten.

Es verwundert nicht, dass viele Sprichwörter und Redewendungen aus dem Theater kommen, denn in der Zeit, als es weder Fernsehen noch Kino etc. gab, stellten die Theater das lokale Zentrum der Kultur dar. Viele Einwohner in den Städten besuchten regelmäßig die verschiedensten Theater, und man sprach über das Gesehene.

Kehrten in den Theaterstücken bestimmte Muster immer wieder, wie das hier erwähnte Blatt vor dem Gesicht, so erscheint es nur als verständlich, dass derartiges allmählich in den allgemeinen Sprachgebrauch einzog. Einen ähnlichen Effekt beobachten wir heute in Bezug auf die modernen Medien, vor allem das Internet. Als Beispiel sei nur das *googeln* genannt, was inzwischen als Synonym für die Suche nach Informationen im Netz steht. Irgendwann einmal werden unsere Nachfahren sich vielleicht fragen, woher nur Redewendungen wie *Wer googelt der findet* kommen, und dann ein Buch wie dieses lesen, um die Antwort zu erhalten.

Abgebrüht sein

Eine abgebrühte Person ist durch nichts mehr zu erschüttern. So lautet jedenfalls die heutige Assoziation mit dem Begriff. Der Ursprung ist ein gänzlich anderer, denn *abgebrüht* entwickelte sich aus *brüden*, was im Mittelalter für *Sex haben* stand. Konkret ging es um die Entjungferung, eine Frau bezeichnete man nach ihrem ersten Geschlechtsverkehr als *abgebrüd*.

Der Begriff wurde im Laufe der Zeit verallgemeinert, so dass immer dann eine Person *abgebrüd* war, wenn sie ihre Unschuld verloren hatte. Später vergaß man die Entstehungsgeschichte des Wortes. Im 19. Jahrhundert dachte man bereits, es stamme aus der Küche, denn eine Wurst, die in kochendem Wasser lag, kann wohl nichts mehr erschrecken.

Jene Deutung trifft dafür auf den Ausdruck *hart gesotten* zu, denn dieser Begriff geht tatsächlich auf das noch nicht kochende, aber bereits *siedende* Wasser in den Küchen des 19. Jahrhunderts zurück. Eine Person, die heute als *hart gesotten* bezeichnet wird, gilt als besonders kalt und gefühlsarm, sie ist durch nichts zu erschüttern und zieht eisern ihren Willen durch.

Ebenfalls aus den Küchen vergangener Jahrhunderte stammt unsere umschreibende Bezeichnung *frisch gebacken*. Ähnlich wie das frisch gebackene Brot steht der Ausdruck dabei für Menschen, die am Beginn eines neuen Lebensabschnitts stehen.

Abgespannt sein

Während heute die Computer im Zentrum unseres Arbeitslebens stehen, waren das früher die Tiere auf den Bauernhöfen. Kein Wunder, dass sich aus diesem Umstand zahlreiche Begriffe entwickelt haben, die bis heute genutzt werden, ihre ursprüngliche Herkunft aber erst auf den zweiten Blick erkennen lassen.

So ein Beispiel liegt vor, wenn wir uns müde und erschöpft fühlen, also *abgespannt* sind. Im Reich der Landwirte wurde ein Pferd oder ein Ochse aus seinem Geschirr *abgespannt*, wenn das Tier nach einem langen Arbeitstag auf dem Feld seine Arbeit getan hatte. Natürlich war es müde und freute sich auf seinen Stall, so wie wir uns auf unser Sofa am Abend freuen, wenn uns nach stundenlanger Bildschirmarbeit die Augen flimmern und der Kopf sich wie eine träge schwammige Masse anfühlt.

Wäre die Redewendung *Ich fühle mich abgespannt* nicht in früheren Jahrhunderten entstanden, sondern in unserer heutigen Zeit, und läge der PC als ein dem Tier äquivalentes Arbeitsmittel zugrunde, so wäre daraus vielleicht ein *Ich fühle mich ausgemacht* oder ein *Ich fühle mich heruntergefahren* entstanden. Aber wer weiß schon, inwieweit die jetzige Arbeitswelt Einfluss auf zukünftige Begrifflichkeiten haben wird? Möglicherweise gibt es in 300 Jahren ein Buch wie dieses, das den Lesern erklärt, warum man *heruntergefahren* sagt, wenn man sich müde und erschöpft fühlt?

Ach du grüne Neune!

Im 19. Jahrhundert gab es in Berlin-Friedrichshain eine verruchte Tanzkneipe mit dem Namen *Conventgarten*. Diese lag an der Blumenstraße 9, Ecke Grüner Weg (heutige Singerstraße). Dieses Etablissement war berlinweit bekannt und hatte keinen guten Ruf. Immer wieder kam es zu Schlägereien unter den Gästen, die Polizei musste oft ausrücken und in dem Tanzlokal für Ruhe sorgen. Mit der Zeit setzte sich der Ausdruck *Grüne Neune* unter den Ordnungshütern fest, beruhend auf der Hausnummer und der Lage des Haupteingangs am Grünen Weg. Schließlich fand der Spitzname seinen Weg in die Berliner Mundart, und bis heute hat sich die Redewendung im deutschen Sprachgebrauch erhalten. Immer wenn wir uns über etwas wundern oder entsetzt sind, kann das Sprichwort seine Anwendung finden.

Alle Register ziehen

Zieht jemand *alle Register*, so ist damit gemeint, dass er alle Mittel einsetzt, die ihm zur Verfügung stehen. Der Begriff *Register* bezieht sich hier auf das Register der Orgel. Das ist eine Schiebevorrichtung, die mit Hilfe einer Zugschnur in Bewegung gesetzt werden kann, wodurch schließlich eine gesamte Pfeifenreihe gleichzeitig gespielt wird.

Alles in Butter

Reiste im Mittelalter eine reichere Adelsfamilie umher, so nahm sie für gewöhnlich ihr edles teures Essgeschirr mit. Um dieses auf den holprigen Wegen zu schützen, nutzten manche besonders Einfallsreiche die Möglichkeit, das gesamte Porzellan in ein Fass zu legen und dieses mit Butterfett zu füllen. Das Fett zwischen den Tellern härtete aus und schützte diese vor Bruch, es war *alles in Butter*. Am Zielort angekommen, wurde das Butterfett weggeschmolzen und das Geschirr konnte normal benutzt werden. Diese Vorgehensweise erscheint als umständlich und aufwendig, musste damals aber ohnehin von den mitreisenden Dienern erledigt werden, so dass die Umständlichkeit dieser Methode den Adeligen vermutlich egal war.

Alter Schwede!

Sind wir sehr erstaunt, oder zollen wir etwas unsere Anerkennung, so nutzen wir manchmal den Ausruf *Alter Schwede!* Seinen Ursprung findet die Redewendung zu Zeiten des preußischen Kurfürsten Friedrich Wilhelm dem I. in den Jahren nach 1648. Damals erlebte Friedrich Wilhelm das schwedische Militär als besonders strikt, effektiv und grausam. Er war davon so beeindruckt, dass er nach dem Ende des dreißigjährigen Krieges alte erfahrene schwedische Unteroffiziere in seine eigene Armee holte, damit diese die preußischen Soldaten schulten. Die Schweden gingen dabei derart strikt und diszipliniert vor, dass sie sich den Respekt der Soldaten einholten. Von ihnen wurden sie anerkennend als *Alte Schweden* bezeichnet, und so fand der Titel nach einer Weile seinen Weg in die Alltagssprache.

Warum war Friedrich Wilhelm der I. eigentlich ein *Kurfürst*? Das Wort *Kur* stammt aus dem mittelhochdeutschen Wortschatz und entspricht so viel wie *Wahl*. Ein Kurfürst war einer der neun ranghöchsten Fürsten des Heiligen Römischen Reichs Deutscher Nation und besaß das Recht zur Wahl des Königs. Aus *Kur* entstand später das bis heute gebräuchliche Wort *küren (wählen)*, z.B. in dem Satz *Zur Miss Germany wurde erneut die Vorjahressiegerin gekürt.*

Am Hungertuch nagen

In zahlreichen katholischen Kirchen wird in der Fastenzeit der Altar mit einem großen Tuch verhüllt. Ein solches Tuch befindet sich bereits seit dem 13. Jahrhundert in Verwendung und musste früher vor seiner Benutzung von den Frauen der Kirchengemeinde zusammengenäht werden. Dementsprechend hieß der Ausdruck zunächst einfach nur *Am Hungertuch nähen*.

Mit der Zeit wandelte sich dieser Spruch ab und wurde zum *Am Hungertuch nagen*. Vermutlich kam das dadurch zustande, dass *nähen* und aufgrund des Hungers während der Fastenzeit naheliegenden *nagens* vom Wortlaut her eng beieinanderliegen. Bis heute verwenden wir die Redewendung, wenn jemand nicht genug zu Essen hat oder sehr arm ist.

Am Katzentisch sitzen

Niemand möchte gerne an den *Katzentischen* im Restaurant sitzen, den kleinen ungeliebten Zweisitzern neben der Ausgangstür, dem Weg in die Küche oder den Toiletten. Doch woher haben diese Tische ihren Namen?

Es ist tatsächlich so, dass in früheren Zeiten höhergestellte reiche Persönlichkeiten extra Tische für ihre Haustiere einrichten ließen. Bereits im antiken Rom war es unter Edelleuten Tradition, dass diese ihren Hunden und Katzen spezielle Sitzgelegenheiten einräumten, an denen diesen das Tierfutter serviert wurde. Das zog sich über viele Jahrhunderte und über zahlreiche Landesgrenzen hinweg, so dass es später selbst am französischen Königshof üblich war, ganz kleine Tische extra für die geliebten Haustiere aufzustellen, auf denen diese dann sitzen durften und ihr Futter erhielten.

Das ganze ging sogar so weit, dass sich die Adeligen gegenseitig darin zu übertrumpfen versuchten, einen möglichst teuren und reich verzierten Tisch für die Katze oder den Hund den staunenden Gästen vorzuführen.

Menschen wollten natürlich weder damals noch heute an diesen Tischen sitzen, sie waren klein und abseits, und daher selbstverständlich nur für Vierbeiner gedacht. Heutzutage setzen wir im Restaurant keine Tiere mehr auf spezielle Tische, auch wenn das den einen oder den anderen Tierfreund vermutlich sehr erfreuen würde, mich eingeschlossen.

Übrigens: Warum gibt es eigentlich eine Hundesteuer, aber keine Katzensteuer? Die Hundesteuer geht auf das Jahr 1500 zurück, als Bauern eine sog. *Hundekornabgabe* an ihren Grundherren zahlen mussten. Damit konnten sie sich von der Pflicht freikaufen, ihren Hund für die Jagd des Adeligen freistellen zu müssen. Da die Landwirte ihre Hunde benötigten, um das Vieh und den Hof zu schützen, zahlten sie zähneknirschend lieber das Geld. Später führte Bismarck in Preußen eine kommunale Abgabe für Hunde ein, als auch eine Hundemarke, um damit die Ausbreitung von Seuchen wie der Tollwut verhindern zu können. Bis heute erhielt sich die Abgabe für den Hund an den Staat, die *Hundesteuer*.

Katzen wollte anscheinend kein Grundherr für die Jagd einsetzen, so dass hierfür nie eine Abgabe entrichtet werden musste. Bis heute argumentiert der Gesetzgeber, dass auf Katzen keine Steuer entrichtet werden könne, da sich deren Bestand ohnehin kaum kontrollieren ließe und der Verwaltungsaufwand zu hoch wäre.

An die große Glocke hängen

Hängt man etwas an die große Glocke, so macht man einen eher unwichtigen Umstand mit zu großem Aufwand öffentlich bekannt. Oder man stellt etwas nicht so wichtiges als übertrieben wichtig dar.

Diese Redewendung hat ihren Ursprung in den öffentlichen Gerichtsverhandlungen des Mittelalters: Vor deren Beginn wurden die Kirchenglocken geläutet, so dass jeder wusste, dass die Prozesse nun anfingen. Ursprünglich lautete die Redewendung daher *Etwas an die große Glocke schlagen*, wenn eine bestimmte Information öffentlich bekannt gemacht werden sollte.

Stichwort Glocke: Da es früher noch keine Zeitungen, kein Radio, kein Fernsehen und kein Internet gab, mussten allgemeine Nachrichten für die Bürger auf anderem Wege verbreitet werden. Meist lief dann ein Gemeindebediensteter mit einer Glocke in der Hand durch die Straßen und läutete, um die Aufmerksamkeit der Bürger zu erhalten. Anschließend las er vor, was kundgetan werden sollte.

Stand eine Person zu weit weg und konnte nicht verstehen, was der Gemeindediener von sich gab, so hatte er lediglich dessen Glocken gehört. Daraus entwickelte sich die Redensart *Er hatte etwas läuten hören*, womit gemeint ist, dass er andeutungsweise etwas erfahren hat, aber noch nichts genaues darüber weiß.

April, April!

Der Brauch, jemanden am 1. April zu verulken, geht bereits auf die Antike zurück, als man den Frühling mit kultischen Feiern begrüßte: *Aphrodite*, die römische Göttin der Liebe, wurde regelmäßig am ersten Tag des April im Rahmen eines Festes geehrt.

April leitet sich von dem lateinischen Wort *aprilis* ab und geht ursprünglich auf die etruskische Liebesgöttin *Aprodita* zurück. Ihr Ehrungstag war bereits zu ihren Zeiten immer der erste April. Schließlich wandelte sich der Name der Göttin unter den Römern zu *Aphrodite*, die Göttin der Liebe. Ihr Ehrentag blieb ebenso wie bei ihrer etruskischen Vorgängerin der erste Tag im April.

Die Besonderheit lag darin, dass es schon damals ein Fest der Täuschungen war, bei dem Freunde und Familienmitglieder mit allerlei Späßen geneckt wurden. Denn Aphrodite wurde als Göttin der Liebe zugleich auch als Gauklerin verstanden, da Liebe Menschen blind macht und sie unsinnige Dinge tun lässt. Das ist scheinbar nicht nur heute so, sondern wurde bereits damals an befallenen Exemplaren studiert.

So kam es zu dem folgerichtigen Schluss, dass die Göttin der Liebe ihre Opfer durch das Verliebtsein zu unsinnigen Handlungen motivierte, demgemäß die Göttin vermutlich mit einem Spaßfest am besten zu ehren sei, und dies auch immer an einem bestimmten Tag stattfinden müsse. Geboren war der erste April, der uns auch heute noch viel Freude bereiten kann.

Arm wie eine Kirchenmaus

Mäuse, die in Kirchen leben, haben es schwer. Der Grund ist nachvollziehbar: In einer Kirche gibt es kaum etwas zu essen. Entscheidet sich eine Maus für das Leben in einer Kirche, so wählt sie den Weg der Armut und Entbehrung.

Auf dem Holzweg sein

Befindet man sich auf dem *Holzweg*, so hat man sich geirrt. Der Ausdruck kommt aus dem Mittelalter, als Holz das mit Abstand wichtigste Baumaterial war. Dementsprechend gab es zahlreiche Holzabbaugebiete im Wald, und ebenso viele Wege, die dorthin führten. Das besondere an einem solchen Weg war, dass er mitten im Wald endete, eben dort, wo Bäume gefällt und verarbeitet wurden, oder wo dies zu einem früheren Zeitpunkt geschah und sich nun nach Einstellung der Produktion überhaupt nichts mehr befand, außer Wald. Im Gegensatz zu normalen Wegen, die durch den Wald hindurch führten, war ein *Holzweg* immer eine Sackgasse. Kannte sich ein Wanderer nicht aus und nahm den falschen Weg, so stand er plötzlich am Ende des Weges mitten im tiefen dunklen Wald. Er musste erkennen, dass er einen Fehler gemacht hatte, *er war auf dem Holzweg.*

Auf dem Strich gehen

Warum sagt man, dass eine Prostituierte *auf dem Strich* geht? Die Vermutung läuft dahin, dass diese Bezeichnung auf die Jägersprache zurückzuführen ist. Jäger reden dann vom *streichen*, wenn Federwild fliegt, was speziell zur Anlockung eines Partners geschehen kann. *Schnepfenstrich* ist beispielsweise der Balzflug der Schnepfen. Dabei fliegen die männlichen Tiere am Himmel herum, um den Weibchen zu imponieren, während diese am Boden verharren und die Männchen mit Schreien und Hüpfen anlocken.

Möglicherweise haben die Jäger das Balzverhalten der Schnepfenweibchen irgendwann auf die Damen übertragen, die in den Städten ihre sexuellen Dienstleistungen anboten. Auch diese stehen meist an einer ganz bestimmten Stelle und versuchen durch Ansprechen von Männern auf ihre Angebote aufmerksam zu machen. In Wien ging man im Mittelalter sogar so weit, dass die Straßen, in denen die Prostituierten arbeiteten, als *Schnepfenstrich* bezeichnet wurden.

Die Redewendung *Gegen den Strich* besitzt dagegen wieder eine völlig andere Herleitung: Hier bezieht sich *Strich* auf das Fell eines Tieres. Streichelt man Tiere entgegen der Wuchsrichtung ihrer Haare, so fühlen sie sich unwohl und lehnen das manchmal lautstark ab. Sie können es nicht leiden, *es geht ihnen gegen den Strich*.

Auf den Hund kommen

Ist jemand *auf den Hund gekommen*, so gilt er als finanziell am Ende. Man führt diese Redensart darauf zurück, dass im Mittelalter in vielen häuslichen Geldtruhen ein Hund auf den Boden gemalt war, um symbolisch Diebe zu verjagen. War die Truhe leer, so war kein Geld mehr da, der Hausherr war *auf den Hund gekommen*.

Eine viel interessantere Erklärung ist der Umstand, dass Adelige in früheren Jahrhunderten nicht gehängt werden durften, stattdessen aber einen toten Hund durch die Straße tragen mussten. Jeder konnte dadurch erkennen, dass sich der hohe Herr eines Verbrechens schuldig gemacht hat, *er war auf den Hund gekommen*.

Auf den Plan treten

Im Mittelalter wurde mit *Plan* ein freier Platz, eine Ebene oder ein Kampf- bzw. Turnierplatz bezeichnet. Erschien ein Kämpfer auf dem Kampfplatz, so *trat er auf den Plan*. Noch heute nutzen wir die Redewendung, wenn eine Person plötzlich erscheint.

Auf den Schlips treten

Fühlt man sich *auf den Schlips getreten*, so ist jemand einer anderen Person zu nahe gekommen, oder hat sogar eine Beleidigung ausgesprochen. Mit der Bezeichnung *Schlips* für *Krawatte* hat diese Redensart aber nichts zu tun. Die Bezeichnung *Schlips* geht auf ein Kleidungsstück des Mittelalters zurück – damals trugen Männer Jacken, die einen langen Rockzipfel an der Rückseite hatten. Dieser Zipfel, auch *Schlippe* genannt, war ein Symbol der gesellschaftlichen Stellung des Mannes. Je länger der Schlips war, desto höher war diese. Natürlich hatte ein solcher Schlips den Nachteil, dass er auf dem Boden hinterhergeschleift werden musste. Dabei kam es immer wieder einmal vor, dass ein anderer Passant versehentlich auf dieses Kleidungsstück getreten ist. Man kam sich im wahrsten Sinne des

Wortes zu nahe, wenn man einem anderen auf den Schlips trat. Nur durch sprachgeschichtlichen Zufall bringen wir heute mit Schlips die Krawatte in Verbindung: Jenes Kleidungsstück fand seinen Weg ursprünglich aus Frankreich über England nach Deutschland. In England nutzte man zur Benennung der modischen Halsbinde das damals gebräuchliche englische Wort *slip* (Streifen), so dass diese Bezeichnung ebenfalls nach Deutschland einwanderte und dort von *slip* langsam zu *Schlips* umgewandelt wurde. Dass man einer anderen Person auf die Krawatte tritt, ist mit diesem Sprichwort nicht gemeint. Das wäre auch etwas schwierig.

Auf die hohe Kante legen

Die im Mittelalter lebenden Leute schliefen gerne in Himmelbetten, da deren Stoffdach verhinderte, dass an der Decke krabbelndes Ungeziefer in das Bett fiel. Zudem schützte der Vorhang zumindest ein bisschen vor der Kälte im ungeheizten Schlafzimmer. An der Innenseite des oberen Randes wiesen diese Schlafstätten meist eine um das gesamte Bett herumlaufende Holzkante auf, welche gerne dazu genutzt wurde, Geld und andere Wertsachen zu verstecken. So entstand als Symbolbild für Geld ansparen der Ausdruck, *etwas auf die hohe Kante legen.*

Auf Draht sein

So wie wir heutzutage manchmal *Bist Du gerade online?* nachfragen, könnte das Äquivalent in früheren Tagen *Bist Du auf Draht?* gewesen sein. Diese Redewendung hat ihren Ursprung in den Zeiten, als die Telegraphie als damals modernstes Mittel der Fernkommunikation ihren Platz in der Welt eroberte. Die einzelnen Sende- bzw. Empfangsstationen waren durch einen Kupferdraht verbunden und ermöglichten dadurch den Austausch von elektrischen Signalen per Morsealphabet. Bis heute hat sich der Spruch in unserer modernen Sprache erhalten und bezeichnet Personen, die aufmerksam, wachsam, aufgeweckt oder gut informiert sind.

Aufgedonnert sein

Donna ist der italienische Begriff für *Dame*, so dass *aufgedonnert* im ursprünglichen Sinn lediglich die Bedeutung hatte, dass eine Frau sich wie eine echte Dame kleidete. Heute nutzen wir den Ausdruck, wenn eine Frau sich übertrieben stark schminkt oder zu auffällig und pompös kleidet.

Auf großem Fuße leben

Diese Redewendung für Personen, die genug Geld haben, um verschwenderisch damit umgehen zu können, geht auf das 12. Jahrhundert zurück, als ein Graf sich spezielle sehr große Schuhe mit langen Spitzen beim Schuster bestellte. Er hatte ein Fußleiden und konnte enge Schuhe nicht tragen. Als er schließlich mit den neuen Schuhen herumlief, taten ihm dies viele nach, denn der Graf galt als Vorreiter in Sachen Mode. Sie wussten aber nicht, aus welchem Grund er diese besonders langen Schuhe anzog. Die anderen dachten, er wolle damit lediglich zeigen, dass er wohlhabend sei. Ärmere Leute, die nicht genug Geld für die Anfertigung extra großer Schuhe besaßen, konnten dem Trend nicht folgen und blieben bei ihren normalen Schuhen. Erst nach über 300 Jahren fand jene Modeerscheinung ein Ende, doch die Redewendung hat sich bis heute erhalten.

Auf Heller und Pfennig

Ein *Heller* war eine seit dem 13. Jahrhundert im Gebrauch befindliche Kupfermünze, die ihren Namen von der Stadt *Schwäbisch Hall* erhalten hat. Damals stellte diese, wie auch schon zuvor der durch Karl den Großen eingeführte *Pfennig*, die kleinste mögliche Währungseinheit dar. Zahlte man etwas *auf Heller und Pfennig*, so sollte damit angedeutet werden, dass man seine Schulden vollständig beglich.

Auf jemanden große Stücke halten

Hält man auf jemanden *große Stücke*, so meint man damit, dass man viel von ihm hält, dass man ihn sehr hoch schätzt. Genau hier liegt auch schon der Ursprung der Bedeutung, denn früher war der Ausdruck *große Stücke* ein Synonym für *viel*.

Aufpassen wie ein Schießhund

Schon seit Jahrhunderten begleiten Hunde die Jäger auf der Jagd. Fiel dem Hund die Aufgabe zu, das angeschossene Tier aufzuspüren, so war seine Berufsbezeichnung *Schießhund*. Natürlich musste er wissen, wo das getroffene Tier hin flüchtete, und dementsprechend wachsam die Jagd verfolgen. Kein Wunder, dass aus diesen speziell dressierten Hunden der Spruch *Aufpassen wie ein Schießhund* entstand. Bis heute nutzen wir diese Redewendung, wenn eine Person genau darauf achtet, dass ihr nichts entgeht.

Aufsässig sein

In vergangenen Zeiten trabte so mancher Adeliger hoch zu Pferde über seine Besitztümer. Die einfache Bevölkerung sah dem zu und war mangels Geld natürlich nicht auf Rössern unterwegs. Ein Bauer besaß meist nur einen Esel oder einen Ochsen, wenn überhaupt.

Sicherlich war der eine oder der andere Fürst eher unfreundlich und behandelte die Bewohner seiner Ländereien hochnäsig und herabwürdigend. Er saß dabei auf dem Pferd, er war *aufsässig*. Bis heute hat diese Bezeichnung ihr negatives Image nicht verloren und wird verwendet, wenn eine Person durch ihr Verhalten andere zu provozieren versucht.

Aus der gleichen Ecke stammen die Ursprünge der Begriffe *hochtrabend* oder *hoch zu Ross unterwegs sein*, welche ebenfalls mit schlechten Charaktereigenschaften, wie beispielsweise Hochmut, in Verbindung gebracht werden.

Aus dem Stegreif

Macht man etwas *aus dem Stegreif*, so geschieht es spontan und unvorbereitet. Ohne lange zu üben und auswendig zu lernen, wird beispielsweise eine kurze Rede *aus dem Stegreif* gehalten.

Das hat historische Wurzeln: Der Stegreif war eine frühere Bezeichnung für die Steigbügel am Pferd. Oft kam es vor, dass der Kurier eines Landesherren Nachrichten an das Volk überbringen musste. Hierzu ritt er auf den Dorfplatz und blieb auf dem Pferd sitzen. Um seiner Rede etwas mehr Nachdruck zu verleihen, richtete er sich auf dem Pferd auf und stellte sich in die Steigbügel, also in die *Stegreife*. Er hielt seine Rede im wahrsten Sinne des Wortes *aus dem Stegreif*.

Ausgekocht sein

Wird eine Person als *ausgekocht* bezeichnet, so gilt sie als besonders schlau und gerissen. Der Begriff geht nicht auf einen besonders langen Aufenthalt im Kochtopf zurück, sondern auf das jiddische Wort *kochem*, was für *schlau* und *gewitzt* steht.

Auf Tuchfühlung gehen

Stellten sich die Soldaten zum Appell auf, so mussten sie aufgereiht ganz nah nebeneinander stehen, und zwar so nah, dass sich die Ärmel ihrer Uniform berührten. Da die Ärmel einer Uniform aus Stoff sind und *Tuch* ein altes Wort für Stoff ist, mussten die Soldaten sozusagen *auf Tuchfühlung gehen*. Daraus entwickelte sich die bis heute geläufige Redewendung, wenn sich der Mann der Frau nähert, oder umgekehrt.

Die Bezeichnung *Soldat* stammt übrigens von *Sold* ab, der Bezahlung die Soldaten erhalten. *Sold* wiederum geht auf *solidus* zurück, eine Goldmünze, die im Jahr 309 vom römischen Kaiser Konstantin dem Großen eingeführt wurde.

Auge um Auge, Zahn um Zahn

Bis heute hält sich in unserem Volksbewusstsein die Vorstellung, dass gerade die Bibel empfiehlt, gleiches mit gleichem zu vergelten. Schlägt der eine dem anderen einen Zahn aus, so habe das Opfer das Recht, auch dem Täter einen Zahn zu nehmen.

Doch das ist falsch! Hier unterliegt unsere Redewendung einem klassischen Übersetzungsfehler. Seinen Ursprung hat der falsch gedeutete Spruch im Zweiten Buch Mose. Dort wird geklärt, wie man sich zu verhalten habe, wenn der eine Mann einen anderen in einer Schlägerei verletzt. Die herkömmliche Übersetzung dieser Bibelstelle lautet: *Entsteht ein dauernder Schaden, so sollst du geben ein Leben für ein Leben, ein Auge für ein Auge, einen Zahn für einen Zahn.*

Leider liegt hier eine Ungenauigkeit vor, denn das in der Bibel verwendete hebräische Wort *tachat* wird mit *für* übersetzt, obwohl es eigentlich *anstelle von* oder *stellvertretend* heißt. Somit müsste eine Übersetzung, die den wahren Gedanken der Bibelstelle wiedergeben möchte, eigentlich lauten: *...so sollst du für ein Leben etwas geben, was das Leben ersetzt*, oder *gib dem Opfer etwas, das ihm den Schaden des kaputten Auges ersetzt* etc.

Das macht Sinn, denn die Bibel würde dann nicht zur Gegengewalt aufrufen, sondern stattdessen eine friedfertige Lösung vorschlagen, namentlich die der angemessenen Entschädigung.

Aus dem Häuschen sein

Im Mittelalter hatten die Menschen die Vorstellung, dass man selbst als kleine Person im eigenen Kopf wohnt. Vermutlich, weil die eigenen Gedanken sich dort abspielen, denn wenn man denkt, dann spürt man die Gedanken im Kopf. Also musste dort jemand wohnen. Nun konnte es aber vorkommen, dass die Person plötzlich weg ging, der Kopf leerstehend war. Warum auch immer diese Situation eintrat, ein Haus ohne Hausherr konnte nicht gutgehen. Nachvollziehbar, dass man dann verrückte Dinge tut. Und so kam es, dass wir bis heute die Redensart anwenden, *jemand ist aus dem Häus-*

chen, wenn er sich vor Freude zu sehr aufregt, ja fast durchdreht, oder verrückte Dinge tut.

Aus dem Staub machen

In früheren Zeiten, als noch auf offener Ebene Mann gegen Mann gekämpft wurde, wirbelten Kriegsschlachten im trockenen Sommer mitunter enorme Mengen an Staub auf. Kein Wunder, dass der eine oder andere Soldat diesen Umstand ausnutzen wollte, um heimlich dem Getümmel zu entkommen. Die Feldherren wussten das natürlich, und so existierten tatsächlich schriftliche Anweisungen für die Schlachtenführer, wie das *sich aus dem Staub machen* vermieden werden könne. So stellte man beispielsweise rund um das Kampfgebiet Posten auf, die einzig die Aufgabe hatten, alle Abtrünnigen wieder zur Rückkehr in das Geschehen zu motivieren. Heute nutzen wir die Redewendung, wenn sich eine Person heimlich und möglichst unbemerkt zu entfernen sucht.

Aus der Patsche helfen

Patsche war früher eine andere Bezeichnung für *Matsch* oder eine durch Matsch und Schlamm aufgeweichte Straße. Blieb eine Person bzw. vielmehr eine Kutsche im Schlamm stecken, so half man ihr als guter Mensch selbstverständlich wieder heraus, *man half ihr aus der Patsche*. Bis in unsere Zeit wird der Ausdruck genutzt, wenn man einer anderen Person hilfreich zur Seite steht.

Aus dem Ärmel schütteln

Schüttelt man sich etwas aus dem Ärmel, so meint man damit für gewöhnlich, dass einem etwas besonders leicht fällt, und keine Probleme bereitet. Dieser Spruch ist auf die weite Bekleidung des Spätmittelalters zurückzuführen. Damals trugen die Menschen sackartige Kleidung, die nicht die extreme Körperbetonung heutiger Kleidungsstücke aufwies. Ein Paradies für füllige Zeitgenossen! Hoffentlich kommt diese Mode auch in unsere Zeit bald einmal wieder zurück. Der Diätwahn würde ein abruptes Ende finden und das Lebensglück vieler Nahrungsgutverwerter und Gernesser erheblich ansteigen lassen. Wie dem auch sei, dementsprechend waren die Ärmel der mittelalterlichen Kleidung sehr weit und hatten manchmal Taschen eingenäht. Es kam durchaus vor, dass jemand etwas in seinem Ärmel verstaute und bei Bedarf unproblematisch zur Hand hatte. Er hatte es sich sprichwörtlich *aus dem Ärmel geschüttelt*.

Bäuerchen machen

Stößt die Milch dem Baby auf, so hat es sein *Bäuerchen* gemacht. Das ist tatsächlich eine Verniedlichungsform des Landwirts, also *kleiner Bauer*. Die Bezeichnung für jenes Körpergeräusch geht in die Zeit zurück, in der die feine Gesellschaft dazu überging, sich Tischmanieren anzugewöhnen. In mittelalterlichen Zeiten war es noch normal, Laute des Körpers, vor allem im Zusammenhang mit dem Essen und Trinken, stolz und laut den Mitmenschen zu präsentieren. Während die etwas höher gestellten Klassen diese Verhaltensrituale allmählich in Lautlosigkeit umformten, war es bei der Landbevölkerung nach wie vor üblich, alle Geräusche laut von sich zu geben. Bauern machten das, und kleine Babys durften es, also wurde der *kleine Bauer* daraus, das *Bäuerchen*.

Bauklötze staunen

Die Redewendung *Da staunt jemand Bauklötze* stammt aus der volkstümlichen Mundart und beruht ursprünglich auf dem Begriff *herumglotzen*. Ist man sehr erstaunt, so kann es vorkommen, dass man für einen kurzen Moment bewegungslos verharrt und nur noch in Richtung des ungewöhnlichen Ereignisses starrt. Eine etwas unfeinere Art, dieses Starren zu bezeichnen, ist das *Glotzen*. *Glotz net so!* ist bis heute ein beliebter Ausdruck in vielen bayerischen Gemeinden.

Ausgehend von diesem *Glotzen* entwickelte sich die Wortveränderung zu *Klotzen* bzw. *Klötzen*. Schließlich wurden im Laufe der Zeit alleine durch sprachliche Umgestaltung *Bauklötze* daraus. So kam es, dass jemand, der über eine Sache sehr verwundert und erstaunt ist, *Bauklötze staunt*.

Beleidigte Leberwurst

Diese Redensart geht bis in die Antike zurück, als man die Leber für das Zentrum der Gefühle hielt. War man beleidigt, so hatte das in der Leber seinen Ursprung, genau wie alle anderen Stimmungen und Regungen. Da die alten Römer gerne Wurst aßen, lag es nicht fern, die Gefühle nicht nur in das Organ zu projizieren, sondern auch in dessen Wurstprodukte.

Ähnliches gilt für das Sprichwort *frei von der Leber weg*, wenn eine Person besonders mutig etwas ohne Hemmungen erzählt. Oder *die Laus, die über die Leber gelaufen ist*, wenn man sich besonders maßlos über etwas ärgert und seine Gefühle deswegen kaum noch in Zaum halten kann. In der Milz dagegen vermutete man den

Sitz von schlechter Laune, Traurigkeit und Verstimmungen. Man ging davon aus, dass eine erkrankte Milz diese Gefühle verursachen würde. Da Milz auf griechisch *splena* heißt, nahm schon vor langer Zeit der Begriff *Spleen* für seltsames Verhalten seinen Lauf in unsere Sprachgeschichte. Bis heute hat eine Person einen *Spleen*, wenn sie etwas überspannt ist, eine verrückte Idee oder eine schrullige Eigenart hat.

Binsenweisheiten erzählen

Eine *Binsenweisheit* ist eine allgemein bekannte Tatsache, die keiner gesonderten Erwähnung bedarf. Die *Binse* ist eine Pflanze, mit der in früheren Zeiten geschrieben wurde, ähnlich einem Federkiel. Das Geschriebene war bekannt, es musste nicht noch einmal vorgetragen werden.

Eine andere Deutung geht darauf zurück, dass die Binse ein weit verbreitetes Gewächs darstellte, somit jedem bekannt sein sollte.

Von diesen Pflanzen stammt übrigens auch die Redewendung *In die Binsen gehen* ab, welche dann gerne genutzt wird, wenn ein Vorhaben gescheitert ist. Dieser Spruch entstammt der Jägersprache, wenn in der Nähe von Gewässern Jagd auf Enten gemacht wurde. Dort am Ufer wuchsen flächenhaft Binsen und erschwerten die Suche nach einer abgeschossenen Ente erheblich. Hielt sich die Ente im Dickicht der Binsen gut versteckt, so machte dies das Abschießen sogar vollständig unmöglich.

Bis in die Puppen

Tanzt man *bis in die Puppen*, dann ist damit ein besonders langer Tanzabend gemeint, der gar kein Ende mehr finden wollte. Zurück geht diese Redewendung auf einen kleinen Garten, der mitten im Berliner Tiergarten stand. Im 18. Jahrhundert war der Tiergarten noch ein abgelegenes Waldstück, und dort, wo heute die Siegessäule steht, am Großen Stern, wurde vom Landschaftsarchitekten Georg von Knobelsdorf ein Garten im italienischen Stil angelegt. Dieser Garten war sehr hübsch, mit symmetrischen Alleen und den Wegesrand schmückenden Statuen. Das führte dazu, dass sich der kleine Garten zu einem beliebten Ziel für ausgedehnte Spaziergänge entwickelte. Die am Rand der Wege aufgereihten Statuen erhielten schnell einen Spitznamen, die Berliner bezeichneten sie als *Puppen*. So bürgerte es sich ein, dass man *bis zu den Puppen spazierte*, was allmählich immer mehr die Bedeutung gewann, einen besonders langen Spaziergang zu unternehmen. Schließlich weitete sich die

Bedeutung des Sprichworts aus und umfasste alle Aktivitäten, die besonders lange dauerten oder ausgiebig genossen wurden.

Blau machen

Mit *blau machen* ist heutzutage gemeint, dass man der Arbeit oder der Schule fernbleibt, obwohl dafür gar kein rechtfertigender Grund besteht. Es fehlt einfach ein bisschen an der Lust. Zurück geht dieser Ausdruck auf den *Blauen Montag* der Handwerker, denn diese mussten nach selbst festgelegten Regeln in früheren Zeiten an Montagen nur mit halber Kraft arbeiten, bzw. hatten ganz frei. Die blaue Farbe des Tages geht dabei auf das blaue Tuch zurück, mit dem die Kirchen an Montagen in der Fastenzeit geschmückt wurden. Dementsprechend waren zunächst nur die Montage in der Fastenzeit arbeitsfrei, später dehnten die Handwerker dies auf das gesamte Jahr aus.

Bock haben

Ursprünglich stammte das Wort *Bock* aus dem Rotwelsch, der Gaunersprache vergangener Jahrhunderte. Dort bedeutete *Bokh* so viel wie *Hunger*. Hatte man *Bokh*, so gelüstete einem nach Essen. Von daher erscheint es als nicht verwunderlich, dass der Volksmund den Begriff im Laufe der Zeit für alles übernahm, auf das man Lust hat.

Brandschatzend herumziehen

Wird irgendwo in böswilliger Absicht ein Brand gelegt, so sprechen die Medien vorschnell davon, dass Verbrecher *brandschatzend* unterwegs waren. Das ist jedoch vollkommen falsch. Der Begriff *brandschatzen* hat gänzlich andere weit zurückreichende historische Wurzeln: Während Kriegszeiten bestand für jedes Dorf im Kriegsgebiet die Gefahr, dass die gegnerischen Truppen es ausplündern könnten. Erschienen diese schließlich vor dem Dorf, so gewährten sie den Einwohnern zwei Möglichkeiten: Entweder die Dorfleute kauften sich frei, indem sie den Kriegstruppen ihre Wertgegenstände überließen, sprich ihren *Schatz*. Konnten oder wollten sie das nicht tun, so zerstörte der Gegner das Dorf, indem er es niederbrannte. Aus diesen beiden unschönen Alternativen entstand das zusammengefügte Wort *brandschatzen*.

Büchse der Pandora

Ein göttlicher Mythos der Griechen erzählt von einer Frau mit dem Namen *Pandora*. Diese wurde auf Wunsch des Zeus extra aus Erde geschaffen, um der Menschheit eine Lektion zu erteilen. Denn die Menschen hatten Zeus kurz zuvor ein bisschen durch ihre Untaten erzürnt. Nachdem Pandora fertig war, schickte sie Zeus mitsamt einer Büchse auf die Erde. Zeus gab dabei Pandora die Weisung mit auf den Weg, die Büchse auf keinen Fall zu öffnen. Natürlich wusste Zeus, dass die Neugierde größer sein würde, und so ging sein Plan auf, die Büchse wurde geöffnet. In ihr befanden sich alle Plagen und Seuchen, die Zeus sich ausdenken konnte, so dass das Böse in die Welt der Menschen Einzug fand. Das bis dahin herrschende friedliche Miteinander war laut der griechischen Sage nun vorbei. Bis heute nutzen wir die Redewendung, wenn eine Person großes Unheil anrichtet.

Da bist du aber schief gewickelt

In früheren Jahrhunderten wurden Babys komplett eingewickelt, nur der Kopf blieb frei. Am Ende hatte man ein kompaktes Bündel aus Wickelkörper mit Kopf, der sich gut herumtragen ließ. Mit jener Methode sollte das Baby ruhiggestellt werden, was sicherlich auch funktionierte. Aber ob es für das Kind so angenehm war? Immerhin konnte es keinen Finger mehr rühren, so fest war es gebunden. Doch es gibt bis heute Stimmen, die diese Einwickelung für Babys empfehlen, da sich die Kleinen damit angeblich wohlfühlen würden.

Fakt ist jedenfalls, dass diese Wickeltechnik bis heute ihren Einzug in unseren allgemeinen Sprachgebrauch gefunden hat, denn noch immer bezeichnen wir ein Baby als *Wickelkind* und sprechen davon, dass das Kind *gewickelt* werden muss, obwohl wir ihm lediglich eine neue Windel anziehen. Sinnvoller wäre es daher, wenn wir spaßeshalber sagen würden: *Ich muss mein Baby windeln*.

Selbst der Ausspruch *Da bist Du aber schief gewickelt* entstammt jener alten mittelalterlichen Einwickelmethode. Denn natürlich war es von entscheidender Bedeutung, dass das Baby korrekt gewickelt wurde, um Einquetschungen oder spätere Haltungsfehler zu vermeiden. Das Wickeln war eine große Kunst, und war ein Kind *schief gewickelt*, so hatte die Mutter oder die Amme einen Fehler gemacht, sich geirrt, und dies bedeutete Schmerzen für das Baby und mit Sicherheit kein erfolgreiches Ruhigstellen.

Da hast Du Pech gehabt

Im Mittelalter fing man Singvögel durch mit Leim bestrichene Zweige, um sie anschließend zu essen. Anstatt Leim wurde manchmal Pech verwendet, so dass der unglückliche Vogel, der an den Zweigen hängen blieb, zum *Pechvogel* wurde.

Aus dieser Fangmethode entwickelte sich schließlich die Redensart *Da hast Du Pech gehabt!*, denn der Vogel, der am Ast hängen blieb, hatte ein bisschen zu viel Kontakt mit dem Pech bekommen.

Weiterhin verdanken wir dieser Vogelfangmethode die Redewendung *Auf den Leim gehen*, denn ein gefangener Vogel ging im wahrsten Sinne des Wortes auf den Leim. Heute meinen wir damit, dass eine Person, die jemandem *auf den Leim gegangen* ist, von diesem hereingelegt wurde, also auf eine unwahre und nur vorgetäuschte Versprechung hereinfiel.

Da neben den mit Leim bestrichenen Zweigen meist ein lebendiger gefangener Vogel in einen Käfig gesetzt wurde, um den anderen Vögeln die Gefahrlosigkeit der Äste vorzutäuschen, entwickelte sich der Ausdruck *Lockvogel*.

Und noch ein Ausdruck, der vom Pech abstammt, diesmal ganz ohne Vogel: Ist man auf etwas *erpicht*, so begehrt man dieses Etwas sehr stark. *Erpicht* kommt vom Pech, und bedeutet so viel wie dass *man mit Pech an etwas festgeklebt ist*.

Damit lässt sich kein Staat machen

Das Wort *Staat* hatte früher in der Umgangssprache die Bedeutung *Stand, Rang, Stand des Vermögens* bzw. *Stand des Haushalts* oder *Stand der Lebensführung*. Hatte eine Person ein ganz bestimmtes Ziel vor Augen, betrieb hierfür aber viel zu wenig Aufwand, so sagte man, *dass sie damit keinen Staat machen könne*, sprich, dass sie daraus bestimmt keine prächtige Lebensführung erlangen könne. Im Gegensatz zum heutigen Verständnis des Begriffs meinte man damit nicht den Staat als politisches Konstrukt, sondern eher den privaten Bereich.

Auch wenn inzwischen keiner mehr diese alte Bedeutung kennt, nutzen wir bis heute die Redewendung und meinen damit, dass jemand viel zu wenig Leistung erbringt, und daher nicht im geringsten beeindrucken kann.

Übrigens entstammt auch der Begriff *Hofstaat* der alten Bedeutung von *Staat*, gemeint war damit die gesamte Lebensführung am Hof.

Das Ei des Kolumbus

Sieht man plötzlich eine überraschend einfache Lösung für ein kompliziertes Problem, so hat man redensartlich das *Ei des Kolumbus* gefunden.

Dieser Spruch geht auf eine Geschichte zurück, in der Christoph Kolumbus nach der Entdeckung Amerikas nach Hause zurückkommt und vom Kardinal zum Essen eingeladen wird. Dort eingetroffen, erfährt Kolumbus aber nicht wie erwartete die respektvolle Anerkennung seiner Entdeckung. Stattdessen wird er mit den Worten geschmäht, dass die Entdeckung Amerikas kein großes Kunststück war und dies jeder hätte tun können, wenn er eine Schiffsreise in jene Richtung unternommen hätte.

Daraufhin bat Kolumbus seine Tischgenossen, ein Ei so auf die Spitze zu stellen, dass es nicht umfalle. Natürlich gelang das niemandem, das Ei rollte immer wieder auf die Seite. Schließlich nahm Kolumbus das Ei selbst in die Hand und setzte es mit so starkem Druck auf die Tischoberfläche, dass die Spitze eingedrückt wurde und das Ei auf dem nun flachen Ende stehen blieb.

Er hatte eine einfache Lösung für ein schwieriges Problem gefunden und wollte damit verdeutlichen, dass vieles auf einfache Art gemeistert werden kann, wenn man nur weiß wie es geht, und es dann auch macht.

Das geht auf keine Kuhhaut

Erscheint uns etwas als sehr unverschämt, so benutzen wir gerne den Spruch *Das geht auf keine Kuhhaut*. Doch warum? Soll damit angedeutet werden, dass etwas so unfassbar ist, dass man damit nicht einmal eine Kuh beschreiben könnte? Das wäre logisch, denn welche Kuh lässt sich schon beschreiben, sie würde ein lautes *Muh* von sich geben und wegrennen.

Nun, ganz so ist es nicht, kommt der Sache aber schon recht nah. Gemeint ist tatsächlich eine Kuh, aber nicht deren lebende Form, sondern nur die tote abgezogene Haut. Als Papier noch unbekannt war, nutzten die damals schreibenden Menschen *Pergament*, welches aus Tierhäuten hergestellt wurde. Man nahm die Haut von Schafen oder Kühen und machte sie in einem langwierigen Bearbeitungsverfahren dünn und glatt. Schließlich waren sie zum Beschreiben bereit.

Da die Menschen in früheren Jahrhunderten noch an den Teufel glaubten, besaßen sie unter anderem die Vorstellung, dass der Teufel die Sünden eines jeden Menschen auf einer Kuhhaut festhielt.

Logisch, denn noch nicht einmal der Teufel kannte Papier. Verhielt sich eine Person nun sehr schlecht vor Gott, so häuften sich ihre Sünden immer mehr an, und der Teufel hatte viel zu schreiben. Irgendwann wurden die Sünden so viel, dass die Vermutung bestand, diese würden nun *nicht mal mehr auf die Kuhhaut des Teufels passen*. Der betreffende Missetäter hatte sein Ticket in die Hölle schon so gut wie sicher gebucht.

Das Heft in der Hand halten

Früher wurde die Halterung oder der Griff an einem Gerät als *Heft* bezeichnet, so auch der Griff an einem Schwert. Derjenige, der seine Hand am Heft des Schwertes hatte, stand gleichbedeutend für denjenigen, der die Macht oder die Herrschaft innehatte.

Von der Macht zur Leitung ist es nicht weit, so dass wir die Redewendung bis heute für Personen benutzen, die eine Gruppe leiten oder generell die Leitung, die Kontrolle oder das Sagen innehaben.

Mit dem *Schreibheft* hatte der Begriff zunächst nichts zu tun. Die Bezeichnung *Heft* für ein solches lässt sich aber aus dem mittelalterlichen Begriff ableiten, denn ein Schreibheft besteht aus mehreren Einzelblättern, die durch Klammern zusammengehalten werden. Insofern stellen die Klammern die Halterung dar, die die Blätter zusammenhält und das Heft überhaupt erst möglich machen.

Das ist mir Schnuppe

Seinen Ursprung hat das Wort *Schnuppe* im mittelalterlichen Ausdruck *snuppen*, der eine alte Umschreibung für *putzen* darstellte. Vor allem war damit das Putzen der Kerze gemeint, indem man den verglühten aufgebrauchten Kerzendocht abstreifte. Als *Schnuppe* wurde schließlich im Laufe der Zeit das nutzlose Ende des Kerzendochts selbst bezeichnet. Irgendwann um 1850 herum tauchte plötzlich die Redewendung *Das ist mir Schnuppe!* in Berlin auf. Gemeint war damit, dass einem etwas unwichtig oder egal ist. Denn der *Schnuppe*, der verglühte und damit unnütze Kerzendocht, war tatsächlich etwas gänzlich unbedeutendes, das man einfach beseitigen konnte.

Mit dieser Bedeutung hängt auch die *Sternschnuppe* zusammen. Als die naturwissenschaftlichen Erkenntnisse noch nicht so weit waren, dachten die Leute, dass eine Sternschnuppe nur Abfall der Sonne ist, den diese irgendwann ausgestoßen hat.

Das ist mir Wurst

Ein Ausdruck aus den Fleischereien vergangener Jahrhunderte. In die Wurst kamen damals wie heute eher nicht die guten Teile des Tierkörpers, sondern dessen ganzen Reste, sprich, die minderwertigen Bestandteile. Was in die Wurst kam, war ohne Bedeutung für die anderen fleischigen Köstlichkeiten. Es war der uninteressante Rest für den Metzger, der anderweitig verarbeitet werden konnte. Bis heute nutzen wir die Redewendung *Das ist mir Wurst*, wenn wir ausdrücken wollen, dass uns etwas egal ist, dass es uns nicht interessiert.

Das ist kein Pappenstiel

Als *Pappenstiel* bezeichnen wir heutzutage etwas, das sehr wenig kostet oder als wertlos einzuschätzen ist. Gegenteilig ist etwas dann *kein Pappenstiel*, wenn es sehr viel kostet und wir es uns kaum leisten können. Ganz geklärt ist die Herkunft des Ausdrucks nicht, aber man vermutet, dass damit der Stiel einer Papierblume als Symbol für das Wertlose gemeint ist. Alternativ kann das Wort dem *Pappenblumenstiel* entlehnt sein, auch hier zählt der Stiel der Blume zu etwas vollkommen wertlosem.

Das kann kein Schwein lesen

Im ausgehenden Mittelalter gab es noch immer zahlreiche Menschen, die weder Lesen noch Schreiben konnten. So bürgerte es sich ein, dass bestimmte Personen, die diese Kunst beherrschten, für all die anderen das Lesen und Schreiben von wichtigen Dokumenten, vor allem im Austausch mit den Behörden, vornahmen.

In Schleswig gab es die Familie *Swien*, die genau das tat, sie half den Leuten, die mit Schriftstücken zu ihnen kamen und Lese- oder Schreibaufträge erteilten. Manchmal war das Dokument zu schludrig geschrieben, so dass nicht einmal die Familie Swien etwas damit anfangen konnten. *Nicht einmal ein Swien konnte es lesen.*

Von *Swien* zum *Schwein* war es nicht weit, so dass sich die Redewendung *Das kann kein Schwein lesen* in der Schleswiger Bevölkerung einbürgerte, und diese sich schließlich in ganz Deutschland verbreitete. Mit dem Tier *Schwein* hat der Spruch somit nichts zu tun, außer vielleicht der Namensähnlichkeit. Was ja auch nachvollziehbar ist, denn ginge es um das Schwein als Tier, so müsste man selbst zu den sauberst geschriebenen Handschriften sagen, dass diese nicht einmal ein Schwein lesen kann. Denn wer hat schon einmal ein Schwein beim Lesen beobachtet?

Das kommt mir spanisch vor

Wenn wir auf einen seltsamen Ausdruck stoßen und ihn nicht verstehen, oder wenn uns ein Geschehnis verdächtig vorkommt, so sagen wir *Das kommt mir spanisch vor*. Seinen Ursprung hat diese Redewendung bei Karl dem V. im 16. Jahrhundert. Karl V. war Sohn der spanischen Königin und erbte nach deren Tod ihr Königreich. Die dort von Kindesbeinen an erlernten Sitten und Umgangsformen führte Karl später als deutscher Kaiser ein. Vieles von dem war den Deutschen unbekannt und kam ihnen zunächst seltsam vor. Beispielsweise sorgte Karl dafür, dass die Anreden *Ihr*, *Euch* und *Eure Majestät* auch auf deutschem Boden gebräuchlich wurden. In diesem Zusammenhang bürgerte es sich ein, ungewöhnliches und fremdartiges als *Das kommt mir spanisch vor* zu bezeichnen.

Die Bezeichnung *Majestät* stammt übrigens von dem lateinischen Wort *maior* ab, was so viel wie *Hoheit* oder *Erhabenheit* bedeutet. Den aus *maior* abgeleiteten Begriff *maiestas* nutzte als erster der römische Kaiser Augustus, der um Christi Geburt lebte. Spätere Cäsaren übernahmen diese Anrede, und noch später nutzen sie die deutschen Kaiser des Mittelalters.

Das schlägt dem Fass den Boden aus

Diese Redewendung beruht auf der Anwendung des bayerischen Reinheitsgebots für Bier aus dem Jahr 1516. Bereits damals wurde festgelegt, dass Bier lediglich aus den Grundzutaten Hopfen, Malz, Wasser und Hefe bestehen darf. Seit der Einführung des Reinheitsgebots wird es zum Glück für Bierliebhaber konsequent überwacht.

Kam es im Mittelalter zu einer Bierpanscherei, so wurde das Bier des jeweiligen Braumeisters aus dem Handel genommen. Man ging dabei rigoros vor und schlug den betroffenen Bierfässern die Böden aus, so dass das Bier auslief und damit vernichtet wurde. Gut, denn wer möchte schon verunreinigtes oder verdünntes Bier genießen. Aus dieser bierliebenden Kontrolltradition entstand das bis heute gebräuchliche Sprichwort: Liegt ein Ereignis vor, das große Wut und Empörung hervorruft, so *schlägt dieses dem Fass den Boden aus*.

In Verbindung mit der Bierbraukunst gibt es eine weitere Redewendung: *Da ist Hopfen und Malz verloren!* Wo kommt das nur wieder her? Nun, anfangs gab es noch keine auf die Bierherstellung spezialisierten Brauereien, die Bierkunst fand vielmehr im eigenen Haus statt, jeder stellte sein eigenes Bier her. Natürlich gelang das nicht jedem, so manches Bier stellte sich am Ende als ungenießbar heraus, und musste weggeschüttet werden. Im wahrsten Sinne des

Wortes waren dann *Hopfen und Malz verloren.* Die ganze Mühe war umsonst, das Bier konnte nicht mehr gerettet werden.

Wenn wir schon einmal bei Bierfässern sind, dann auch noch dies: Die Redensart *Außer Rand und Band sein* geht auf die schmalen Bretter eines Fasses zurück, die jeweils als *Band* bezeichnet wurden. Der *Rand* hielt in Form eines eisernen Reifens die Bänder zusammen. War ein Fass *außer Rand und Band* geraten, so fiel es auseinander. Heute bedeutet der Spruch, dass sich eine Person übermütig und ausgelassen verhält.

Das Wasser abgraben

Stellen Sie sich eine mittelalterliche Burg vor, die auf einer flachen Ebene gebaut wurde. Um sich vor Angreifern zu schützen, gruben die Erbauer gerne einen Graben um die Burg und ließen ihn mit Wasser volllaufen. Das hatte den Vorteil, dass weder Ritter in ihren schweren Rüstungen an die Burg herankamen, noch Belagerungstürme an die Burgmauern gestellt werden konnten.

Möchten Sie nun eine solche mit Wasser umflossene Burg angreifen, so sollten Sie in einem ersten Schritt dafür sorgen, dass das Wasser weg ist. Sie lassen also einen zusätzlichen Graben ausbaggern, der das Wasser ableitet. Schon haben Sie nicht nur die erste Hürde zur erfolgreichen Erstürmung der Burg geschaffen, sondern auch noch ein neues Sprichwort kreiert: Bis heute gebrauchen wir die Redewendung *Jemandem das Wasser abgraben*, wenn wir ihm eine wichtige Lebensgrundlage entziehen und dadurch Schaden zufügen.

Sind die Angreifer erst einmal nahe genug an den Burgmauern, und ist es ihnen gelungen, ein Loch in diese zu bekommen, wodurch auch immer, so wurde damit eine *Bresche* geschaffen.

Das nächste Sprichwort ist nicht fern, denn *in die Bresche springen* mussten dann die, die in die Burg eindringen wollten, oder die, welche zwecks Verteidigung in das gewaltsam geschaffene Loch stiegen um die Angreifer abzuwehren. Vermutlich war mit dem Spruch eher das letztere gemeint, denn dieser dient selbst in unseren Zeiten noch dazu, eine Hilfeleistung in der Not auszudrücken.

Den inneren Schweinehund überwinden

Zur Jagd auf Wildschweine hat man im 16. Jahrhundert sog. *Sauhunde* dressiert, die die Jagd durch Herumhetzen der Schweine bis zu deren Ermüdung tatkräftig unterstützten. Später ging deren Bezeichnung in *Schweinehunde* über. Erst im zweiten Weltkrieg hat sich unter den deutschen Soldaten daraus die bis heute bekannte Redewendung herausgeschält. Vermutlich kam diese dadurch zustande, dass sich die Soldaten vorstellten, wie einer der Schweinehunde in ihrem Inneren saß und sie daran hinderte, aktiv zu werden.

Wenn wir schon einmal bei der Jagd sind: Eine weitere Redewendung, die aus diesem Bereich kommt, ist: *Den letzten beißen die Hunde*. Wurde Wild mit einer Hundemeute gejagt, so rissen diese als erstes natürlich die schwächsten und langsamsten Tiere, also die, die unter den Fliehenden die hintersten waren. So wurden im wahrsten Sinne des Wortes die letzten von den Hunden gebissen.

Den Nagel auf den Kopf treffen

Ein Ausspruch aus der frühen Schützensprache: Damals kennzeichnete ein kurzer Nagel mit flachem breiten Kopf die exakte Mitte der Zielscheiben. Traf der Schütze genau in die Mitte auf den Nagel, der einem heutigen etwas größeren Reißnagel vergleichbar war, so prallte der Pfeil daran ab und lieferte ein eindeutiges Zeichen, dass man getroffen hatte. Erst später wurde der Nagel weggelassen und man nutzte nur noch einen schwarzen Punkt für die Mitte der Zielscheibe. Aus jener späteren Zeit blieb immerhin die Redewendung *Ins Schwarze treffen* bis heute erhalten.

Im Mittelalter wurde ein Nagel übrigens *Zwec* genannt, und der Nagel speziell in der Mitte der Zielscheibe hieß *Zwecke*. Hierin hat die heutzutage von uns verwendete *Reißzwecke* ihren Namensursprung, aber sogar der Begriff *Zweck* leitet sich laut Sprachforschern daraus ab: Für die Schützen galt es, den Nagel auf den Kopf zu treffen, den *Zweck* zu erwischen war der Sinn ihres Schusses, also das Ziel, worum sie sich bemühten.

Den Prügelknaben spielen

An Adeligen durfte früher keine Prügelstrafe vollstreckt werden, so dass statt des Adeligen eine gleichaltrige andere Person geschlagen werden musste. Er war der *Prügelknabe*. Bis heute hat sich die Bezeichnung gehalten, dass jemand *den Prügelknaben spielen muss*, wenn er anstatt des wahren Missetäters in ungerechtfertigter Weise bestraft wird.

Den Spieß umdrehen

Wurde in einer Schlacht einem Fußsoldaten der Spieß entrissen, so konnte der Gegner diesen manchmal umdrehen und gegen die entwaffnete Person einsetzen, er hatte *den Spieß umgedreht*. Heutzutage wird der Ausspruch dann genutzt, wenn eine Person zunächst in der benachteiligten Position ist, und durch eine bestimmte Aktion diese in das Gegenteil umdrehen kann, also ab dann in die bevorteilte Position gelangt. Ab dem 14. Jahrhundert setzte man zunehmend Landsknechtarmeen ein, da diese wendiger waren als die Ritterheere.

Dabei wurde die *Pike* als Hauptwaffe genutzt, ein langer Stab mit einer scharfen Schneide am Ende. *Pike* stammt vom französischen *piquer* ab, was so viel wie *stechen* heißt. Wurde jemand gestochen, so war er *pikiert*. Dieses Wort wird bis heute noch eingesetzt, wenn sich jemand durch eine Bemerkung über die eigene Person getroffen fühlt.

Auf diese Waffe geht auch die Redewendung *Etwas von der Pike auf lernen* zurück, denn fing ein Soldat an, für sein Land zu kämpfen, so wurde er zunächst auf die Pike trainiert. Erst wenn er sicher im Umgang mit dieser Stabwaffe war, und sich darin im Kampf bewährt hatte, durfte er zu einer weiteren Waffengattung übergehen.

Eine Bestrafungsform für Soldaten war übrigens der *Spießrutenlauf*: Der Soldat musste langsam zwischen zwei Reihen seiner Kollegen laufen, während diese mit dem Spieß auf ihn einstachen oder einschlugen. Bis heute sagen wir *Spießruten laufen*, wenn man an anderen Leuten vorbeigehen muss und diese einen besonders genau beäugen.

Den Stuhl vor die Tür stellen

Heiratete in vergangenen Zeiten ein Mann eine Frau, so erhielt er von dieser reichlich Zugaben mit in die Ehe, die sogenannte *Aussteuer*. Bei reicheren Familien gehörten hierzu zwei Stühle, die extra für das Eheleben angefertigt und kunstvoll verziert wurden. Jeder Stuhl erhielt zur Hochzeit den Namen des Bräutigams und der Braut eingeschnitzt. Kam es während des Ehelebens zu einem häuslichen Streit, so drohte man gerne mit den Worten *Ich stell Dir den Stuhl vor die Tür!*, denn damit war im wortwörtlichen Sinne der Stuhl aus der Aussteuer mit dem eigenen Namen gemeint. Der Ausspruch kam einem angedrohten Rauswurf gleich und hat sicherlich nicht zur Besänftigung des Streits beigetragen.

Der Haussegen hängt schief

Vor nicht allzu langer Zeit hingen in zahlreichen deutschen Wohnungen noch kleine eingerahmte Texte an der Wand, die einen frommen christlichen Spruch beinhalteten, um die Wohnung oder das Haus durch Gott beschützen zu lassen. So mancher Hausherr hängte davon sogar in jedes Zimmer einen auf, um maximalen Schutz zu erzielen. Diese Sprüche wurden als *Haussegen* bezeichnet. Da sie wie Bilder an der Wand hingen, konnten sie natürlich auch schon mal schief hängen. Im Laufe der Zeit bildete sich daraus die Redewendung, dass bei Streit in der Familie *der Haussegen schief hängt*.

Der springende Punkt

Bereits am dritten Tag nach der Befruchtung zeigt sich in einem Hühnerei ein kleiner sich bewegender roter Punkt, welcher das spätere Herz des Huhns bildet. Erstmals entdeckt wurde dieses Phänomen von Aristoteles im Rahmen seiner umfangreichen biologischen Forschungen. In der lateinischen Übersetzung seiner Schriften wurde der Punkt als *punctum saliens* bezeichnet, was so viel wie *springender Punkt* heißt. Da es auf das Herz eines Lebewesens in entscheidender Weise ankommt, entwickelte sich aus dieser Entdeckung im Laufe der Jahrhunderte die Redewendung *Das ist der springende Punkt*, welche immer dann zum Einsatz kommt, wenn man das wirklich Wichtige an einer Sache hervorheben möchte.

Die Gelegenheit beim Schopf packen

Kairos, der jüngste Sohn von Zeus, war ein Gott mit langen Zöpfen. Wenn er dem Menschen erschien, kündigte er meist eine gute Gelegenheit an. Daraus entstand der Spruch, dass man eine günstige Gelegenheit *beim Schopfe packen* müsse, damit sie nicht verpasst werde.

Die Gretchenfrage stellen

Als *Gretchenfrage* bezeichnen wir eine wirklich wichtige und entscheidende Frage, die dazu dient, herauszufinden, wen man wirklich vor sich hat.

Seinen Ursprung findet die Gretchenfrage in Goethes Drama *Faust*: Dort stellt Margarethe (Gretchen) an Faust die Frage *Nun sag, wie hast Du's mit der Religion?* Gretchen möchte damit herausfinden, ob Faust seriös genug ist und es ernst mit ihr meint, ob er sie zur Frau nehmen möchte, oder ob er nur mit ihr spielen will.

Tatsächlich meinte Faust es leider nicht ernst mit Gretchen, er wollte sie nur ins Bett bringen. Gekonnt windet er sich aus der Frage heraus und gibt ihr mit allgemeingültigen Floskeln zu verstehen, was sie hören will, so dass er sie schließlich doch noch für gewisse Intimitäten begeistern kann. Später bekommt sie von ihm ein Kind, aber leider keinen Heiratsantrag. Aus Wut und Frust tötet sie das Kind und wird für diese Tat hingerichtet.

Die Kastanien aus dem Feuer holen

Holt man für jemanden *die Kastanien aus dem Feuer*, so ist damit gemeint, dass man sich für eine andere Person in eine gefährliche Situation begibt, obwohl es eigentlich die Aufgabe des anderen wäre. Seinen Ursprung findet der Ausspruch in einer Fabel des französischen Schriftstellers Jean de la Fontaine aus dem 17. Jahrhundert: Ein Affe und eine Katze sitzen gemeinsam an einem Feuer und rösten Esskastanien. Nun muss einer der beiden die heißen Nüsse aus der Glut herausholen, was schließlich von der Katze übernommen wird, nachdem sie der Affe hierzu überredet hatte. Es kommt wie es kommen muss, die Katze verbrennt sich schmerzhaft beide Pfoten, und der Affe gelangt in den Genuss der Mahlzeit.

Aus einer anderen Fabel von Fontaine entstammt übrigens unser Ausdruck *Milchmädchenrechnung*: Auf dem Weg zum Markt rechnet sich eine Magd aus, was sie alles mit dem Geld machen kann, das sie für die mitgeführte Milch erhalten wird. Sie überlegt, dass sie davon ein Huhn kaufen könnte, das Eier legt, und das durch den Eierverkauf erzielte Geld wiederum investiert sie dann in eine Kuh oder ein Schwein. Leider stolpert die Magd plötzlich und verschüttet die Milch, ihre Träume sind nicht mehr durchführbar. Bis heute sagen wir daher zu etwas *Milchmädchenrechnung*, wenn die Berechnung auf unausführbaren Plänen beruht oder eine Rechnung nicht aufgeht.

Die Katze im Sack kaufen

Auf einem Markt im Mittelalter war es durchaus üblich, lebende Tiere einzukaufen, um diese dann zu schlachten oder für den eigenen Haushalt weiter zu verwenden. Diese Kauftiere wurden nach dem Erwerb in einen Sack gesteckt, um sie besser transportieren zu können. Anscheinend kam es immer wieder vor, dass ein gewitzter Händler seinen Kunden betrog, und nicht das gewünschte Ferkel, das Huhn oder das Kaninchen in den Sack steckte, sondern eine herumstreunende und zuvor eingefangene wilde Katze. Überprüfte der Käufer nicht sofort den Inhalt des Sackes, sondern bemerkte den Betrug erst zuhause, so war der Ärger natürlich groß.

Die Kirche im Dorf lassen

Selbst kleine Gemeinden pflegen seit Jahrhunderten ihre jährlichen Kirchenfeste. Manchmal hatten diese Feiern die Eigenart, dass sie von Jahr zu Jahr immer größer und pompöser wurden. Irgendwann kam so manches Dorf an einen Punkt, an dem die Feierlichkeit zu groß für das kleine Städtchen wurde. Man verlegte die Prozession daher im Folgejahr nach draußen vor die Stadtmauern, wo mehr Menschen prozessieren und noch mehr Schaulustige zugucken konnten. Insofern meint die Redewendung mit *Kirche* nicht das Gebäude, sondern die *Kirchengemeinde*.

Kam es dann, wie es kommen musste, und wuchs das Fest über jegliches Maß hinaus, so gelangte die eine oder andere Gemeinde vermutlich auf die Idee, dass das ganze inzwischen zu überdimensioniert sei und ab sofort wieder im kleineren Rahmen abgehalten werden solle. Schließlich verlegte man das Fest zurück in die Stadtmauern, *die Kirchengemeinde wurde im Dorf gelassen*. Bis heute verwenden wir diese Redensart dann, wenn wir etwas ganz bestimmtes nicht allzu übertreiben wollen.

Die Kurve kratzen

Ursprünglich wurden die ganz frühen Dörfer und Städte des Mittelalters nur für Fußgänger oder maximal für Personen mit Handkarren oder Pferden und Eseln entworfen. Dementsprechend schmal waren die Gassen. Als mit der Zeit die Kutschen aufkamen, wurde es plötzlich eng in den Straßen, vor allem dann, wenn es um die Kurve ging. Fuhr ein Kutscher zu schnell oder war zu unvorsichtig, so blieb er mit den Radnaben an den Häuserwänden hängen, was deren Bewohner natürlich nicht besonders glücklich machte.

Um dem entgegenzuwirken, dachten sie sich eine passive Abwehrmaßnahme an den Häuserecken aus, die *Kratzsteine*. Bis heute sind diese in so manchem historisch erhaltenen Ortskern noch gut sichtbar. Die Steine hatten die Aufgabe, den Kutscher dazu zu bewegen, einen gewissen Mindestabstand von den Häusern zu halten. Kam er ihnen zu nah, so riskierte er ein gebrochenes Rad an seiner Kutsche.

Von da an kratzten die Kutschen nicht mehr an den Häusern selbst, sondern höchstens noch an den dafür vorgesehenen *Kratzsteinen*, die Gefahr war gebannt. Erhalten hat sich der Ausspruch *Die Kurve kratzen*, wenn man sich schnell von etwas entfernt, bis heute.

Die Zeche prellen

Prellen wir die *Zeche*, so heißt das, dass wir ohne zu zahlen aus der Kneipe gehen. So einfach die Bedeutungserklärung heute ist, so schwierig ist die Herleitung aus der Sprachgeschichte heraus.

Betrachten wir zunächst einmal das Wort *Zeche*. Dieses ist ganz alt und bezieht sich ursprünglich auf die Gruppe von Leuten, die in einer Grube nach Bodenschätzen suchten. Später wurde aus der *Zeche* zum einen die Bezeichnung der Bergwerksgrube selbst, aber auch die Gruppe von Leuten, die in einer Kneipe saß und trank. Noch später entwickelte sich der Begriff dann zur Rechnung, die diese Trinkgesellschaft zu bezahlen hatte.

Das Wort *prellen* kommt aus einer gänzlich anderen Richtung, nämlich aus der Fuchsjagd, und hatte die Bedeutung *mit Wucht stoßen*: Ein gefangener Fuchs wurde lebend mit Hilfe eines straff gespannten Netzes immer wieder in die Luft geschleudert, um die Jagdgesellschaft zu belustigen. Vermutlich übernahm man dieses Ritual aus den damaligen Foltermethoden, denn auch dort gab es die Vorgehensweise, einen Menschen mittels eines straff gehaltenen Tuches hochzuschleudern, um irgendwann das Tuch locker zu lassen, so dass er auf den Boden aufschlug. *Prellen* besaß in diesem Sinne gleichzeitig auch die Bedeutung *der Freiheit berauben* oder *um die Freiheit betrügen*, denn der Fuchs war gefangen und durfte natürlich nicht wieder gehen.

Irgendwie fanden diese beiden Wörter *Zeche* und *prellen* im Wirtshaus zusammen, so dass daraus die *Zechprellerei* werden konnte. Hatte ein Gast nicht bezahlt, so wurde der Wirt um die Begleichung seiner Rechnung betrogen.

Drakonische Strafen

Drakon war ein hochrangiger Beamte im Griechenland des siebten Jahrhunderts vor Christus. Er hatte die Aufgabe, die im Stadtstaat Athen gültigen Gesetze schriftlich zu fixieren und so die Basis für ein geschriebenes Gesetzbuch zu schaffen. Das Ziel lag darin, die damals unter den Athenern herrschende staatliche und private Willkür in geordnete und durch Gesetz geregelte Bahnen zu lenken. Damals herrschten sehr strenge Strafen in Athen, viele Vergehen, auch wenn sie nur gering waren, wie beispielsweise Diebstahl oder Faulheit, wurden mit dem Tode bestraft. Diese ungewöhnlich harten Strafen hinterließen einen bleibenden Eindruck bei den späteren Historikern, so dass sich der Begriff *Drakonische Strafen* für besonders harte und grausame Strafen entwickelte.

Du Bastard!

Schreien Sie einem Mitmenschen *Du Bastard!* hinterher, so hat das heutzutage eher eine schlechte Bedeutung. Früher war ein *Bastard* einfach nur ein unehelicher Sohn, der von einem Adeligen gezeugt und rechtlich als sein Sohn anerkannt wurde.

Dennoch haftete dem Sohn sein Leben lang dieser Makel der Nicht-Ehelichkeit und die damit verbundenen Nachteile an, so dass sich vermutlich aus diesem Grund ein noch heute gebräuchliches Schimpfwort daraus entwickelte.

Handelte es sich beim Vater um einen Mann des gewöhnlichen Volkes, so zeugte dieser im außerehelichen Verkehr keinen Bastard, sondern einen *Bankert*. Diese Bezeichnung rührt daher, weil die Mutter in diesem Fall meist eine Gehilfin des Bauernhofs war, sprich, eine Magd. Die Dienstleute wohnten und schliefen in einfachen Unterkünften ohne besondere Möbel. Man konnte mit einer gewissen Wahrscheinlichkeit davon ausgehen, dass der Sohn auf einer schlichten Holzbank gezeugt wurde, also ein *Bankert* war.

Du hast doch einen Vogel

Hält man jemanden für ein bisschen gestört oder ziemlich verrückt, so meint man, diese Person *habe einen Vogel*. Gerne tippt man sich dabei mit dem Zeigefinger an die Stirn, vor allem wenn die vermeintlich gestörte Person einem gegenübersteht. Gerade unter Autofahrern eine beliebte Geste der gegenseitigen Achtung und des Respekts. Nun, wie dem auch sei, im Mittelalter dachte man tatsächlich, dass ein verhaltensauffälliger Zeitgenosse einen Vogel unter der Schädeldecke trage. Man wusste noch nichts über den inneren Aufbau des Menschen, wie Krankheiten oder psychische Störungen zustande kamen. Ein kleiner Piepmatz, der im Kopf für Verwirrung sorgt, war demgemäß eine für die mittelalterlichen Menschen nachvollziehbare Erklärung. Übrigens stammt aus dieser Vorstellung auch der Spruch *Bei Dir piept es wohl?* und eben die oben bereits erwähnte Geste des an-die-Stirn-tippens.

Durch Abwesenheit glänzen

Im antiken Rom war es üblich, bei Bestattungen die Bilder von bereits verstorbenen Angehörigen des Toten vorwegzutragen. Einmal nur gab es eine Ausnahme, denn die Gemälde der Cäsar-Mörder Brutus und Cassius durften nicht öffentlich gezeigt werden. Tacitus beschrieb dies in seinem Werk *Annalen*, als eine Verwandte der beiden begraben wurde. Dadurch, dass deren Gemälde nicht dabei waren, wurde die Aufmerksamkeit der Zuschauer viel stärker auf diese gelegt, als es mit Bildern der Fall gewesen wäre. Später griff ein französischer Dramatiker jene Szenerie wieder auf und schrieb in einem Werk den Satz *Brutus und Cassius glänzten durch ihre Abwesenheit*. Daraus entwickelte sich der bis heute gebräuchliche Ausdruck, *jemand glänzt durch seine Abwesenheit*.

Durch dick und dünn

Früher verwendete man die Bezeichnung *dick* auch für *dicht*, das heißt, ein *dichtes* Gestrüpp im Wald wurde als *dickes* Gestrüpp benannt. Ging man mit einem Freund *durch dicht und dünn*, so meinte man damit, dass man mit ihm durch alle Lebenslagen geht, egal ob der Weg einfach oder beschwerlich ist.

Dusel haben

Hat man *Dusel*, so erfährt einem umgangssprachlich Glück. Der Begriff *Dusel* entstammt dem Niederdeutschen und besaß in früheren Jahrhunderten die Bedeutung eines leichten Schlafs. Früher glaubten die Menschen, dass man im Schlaf, im Halbschlaf und sogar im alkoholbedingten Rauschzustand unter einem besonderen Schutzengel Gottes stehe und dementsprechend besonders vor Gefahren geschützt ist. Kein Wunder, dass *Dusel* einem glückvollen Zustand gleichgesetzt wurde.

Ein Auge riskieren

Ritter trugen bekanntermaßen Helme und erreichten damit einen recht guten Schutz ihres Kopfes. Der Nachteil daran lag im geringen Sehfeld, denn in die Helme waren meist nur sehr kleine Schlitze oder Löcher eingelassen. Um mehr zu sehen, musste der Ritter das Visier hochklappen, und damit seine Augen freilegen. Der Ritter war wesentlich verwundbarer und *riskierte, dass seine Augen verletzt werden*. Bis heute nutzen wir die Redewendung *Ein Auge riskieren* wenn wir vorsichtig oder heimlich etwas beobachten möchten.

Ein Brett vor dem Kopf haben

Früher wurde Ochsen, die man zur Feldarbeit einsetzte, ein Brett vor den Kopf gespannt, damit diese nicht von ihrer Arbeit abgelenkt wurden und dann womöglich scheuten. Da Ochsen damals als nicht besonders intelligent galten, entwickelte sich aus dieser Kombination die Redensart, *ein Brett vor dem Kopf haben*, wenn eine Person ein bisschen schwer von Begriff war.

Ein Buch aufschlagen

Ganz zu Beginn des Buchzeitalters wurden Bücher nicht immer gebunden, sondern stattdessen als Loseblattsammlungen zwischen zwei Holzdeckeln aufbewahrt. Die Deckel wurden dabei von zwei speziell hierfür entwickelten metallenen Klammern zusammengehalten, welche so konstruiert waren, dass sie mit einem kleinen Schlag auf eben diese aufsprangen. Um das Buch zu lesen, musste man es im wahrsten Sinne des Wortes *aufschlagen*.

Ein Halligalli veranstalten

Haben wir eine Feier erlebt, auf der so richtig viel los war, so sprechen wir manchmal von einem *Halligalli*, einem turbulentem Durcheinander. Seinen Ursprung findet der Ausdruck in einem amerikanischen Tanz aus den 60ern, dem *Hully Gully*. Bei diesem stehen die Tänzer nebeneinander aufgereiht und müssen den Anweisungen des Vortänzers folgen. Der gibt seine Kommandos mit der Zeit immer schneller, so dass die Tanzenden irgendwann heillos durcheinander geraten, und das ganze in einem spaßigen Chaos endet.

Eine Abfuhr erteilen

Früher war es gang und gäbe, dass Studenten sich in Verbindungen zusammenfanden und darin dem Fechtsport nachgingen. Dabei blieben Verletzungen nicht aus, die Duelle hatten durchaus einschneidenden Charakter. Wurde es für einen der beiden zu gefährlich, so konnte er dem anderen Fechter mitten im Kampf *eine Abfuhr erteilen*, was eine sofortige Beendigung des Kampfes bedeutet. Bis heute hat sich diese Redewendung vor allem im Bereich Partnersuche erhalten, wenn man das Angebot einer anderen Person ablehnt.

Eine Galgenfrist geben

Nach einer Verurteilung zum Tode musste der Täter eine bestimmte Zeitspanne im Kerker verbringen, um über seine Schandtat nachzudenken. Das war nach den Grundregeln der Kirche notwendig, damit die Person die Möglichkeit hatte, durch innere Reue die Vergebung der Sünden vor Gott zu erreichen. Bereits im Mittelalter bezeichnete man diese Zeit vor dem Aufhängen am Galgen als *Galgenfrist*. Heute meinen wir damit einen zeitlichen Aufschub, um einen unangenehmen Termin noch etwas vor uns herschieben zu können.

Da der Henker nicht immer ein Profi war, kam es vor, dass der Verurteilte nicht sofort am Galgen starb, sondern einen minutenlangen Todeskampf führte. Die Bevölkerung stand währenddessen um ihn herum und schaute zu. Kein Wunder, dass es dabei zum Ausspruch *Mit Hängen und Würgen* kam, einer Redensart, die sich bis in unsere Zeit erhalten hat und für Umstände steht, aus denen wir gerade so entkommen konnten.

Eine Macke haben

Hat eine Person eine *Macke*, so hat sie einen leichten psychischen Schaden. Der Ausdruck *Macke* geht auf den jiddischen Begriff *makke* zurück, was so viel wie *Hieb* oder *Schlag* bedeutete. Anscheinend gingen die Menschen früher davon aus, dass geistig verwirrte Personen irgendwann einmal einen Schlag auf den Kopf bekamen, aufgrund dessen sie nun das seltsame Verhalten zeigten.

Einen Bärendienst erweisen

Erweist man jemandem einen *Bärendienst*, so bedeutet das, dass man dieser Person keinen Gefallen getan hat. Im Gegenteil, man besaß zwar gute Absicht, jedoch führte diese bei der anderen Person eher zu einem Schaden als zu einem Vorteil. Der Spruch geht auf eine Fabel zurück, in der ein Gärtner einen Bär als Diener besaß. Der Bär erwies sich regelmäßig als zuverlässig und nützlich, nur einmal meinte er es zu gut: Als der Bär auf der Nase des schlafenden Gärtners eine Fliege sah, gelang es ihm zunächst nicht, diese zu verscheuchen. Schließlich nahm er einen großen Stein und schleuderte ihn mit ganzer Kraft auf die Fliege. Das funktionierte, die Fliege war tot, der Gärtner aber leider auch. Ein echter Bärendienst.

Einen Denkzettel verpassen

Verstießen Schüler in den Klosterschulen des 16. Jahrhunderts gegen die strengen Schulregeln, so sollten sie für ihre Taten büßen. Eine der Erziehungsmethoden war die, den Schülern einen Zettel um den Hals zu hängen, auf dem ihre Verfehlungen aufgeschrieben waren. So hatte das Kind jeden Tag vor Augen, was es falsch gemacht hatte, es wurde immer wieder daran erinnert. Der *Denkzettel* war geboren.

Ähnliches geschieht noch heute, wenn wir einer Person *einen Denkzettel verpasst haben:* Beging diese in unseren Augen einen Fehler, so muss sie darauf aufmerksam gemacht werden, dass das nicht noch einmal vorkommt. Je rabiater die dabei angewandte Methode ist, desto größer ist die Wahrscheinlichkeit, dass der Missetäter sich immer wieder daran erinnert und die Verfehlung nicht noch einmal begeht.

Eine Eselsbrücke bauen

Als die Bauern noch Nutztiere zur Bewältigung ihrer landwirtschaftlichen Aufgaben einsetzten, und weniger Maschinen, bekam der Esel gerne und oft Transportaufgaben zugeteilt. Da der Esel aber eher ein vorsichtiges Tier ist, wagt er sich nicht einmal in kleine Bachläufe hinein, denn er sieht nicht, wohin er tritt.

Also musste sich der Bauer etwas einfallen lassen, um den Esel doch noch zur Verrichtung seiner Arbeit zu motivieren: Führte der Weg des Esels über einen Wasserlauf, so errichtete der Bauer extra für den Esel eine kleine Brücke. Auf dieser konnte das Tier gefahrlos das Wasser überqueren.

Der Einfallsreichtum des Bauern wurde belohnt, denn er hatte es mit einfachsten Mitteln geschafft, den Esel zu einer für ihn schwierigen Aufgabe zu überreden. Aus diesen kleinen speziell für Esel geschaffenen Brücken entstand unser bis heute genutzter Begriff einer *Eselsbrücke*: Muss ich mir etwas schwieriges merken, so konstruiere ich mir eine kleine Hilfestellung, anhand derer ich mich später gut erinnern kann.

Einen guten Schnitt machen

Früher wurde das Getreide auf dem Feld mit Sicheln abgeschnitten. Hatte der Bauer ein gutes ertragreiches Jahr, konnte er also genug Getreide abschneiden um seine Scheunen zu füllen, so hatte er *einen guten Schnitt gemacht*. Auch wir meinen mit diesem Spruch noch immer, dass wir bei etwas viel Geld verdient haben.

Einen Kater haben

Die Bezeichnung *Kater* in der Redewendung *Einen Kater haben* geht nicht etwa auf die männliche Katze zurück, sondern auf das griechische Wort *katarrhein*, was in etwa dem Wort *herunterfließen* entspricht. Aus *katarrhein* wurde im Deutschen die Bezeichnung *Katarrh*, welche letztendlich eine Halsentzündung meint und in der Umgangssprache eine simple Erkältung ist.

In früheren Zeiten meinte man mit *Katarrh* aber nicht nur diese Entzündung, sonder die verschiedensten Formen des Unbehagens. Natürlich fiel darunter auch das Unwohlbefinden nach einer durchzechten Nacht, wenn man am nächsten Morgen mit Kopfschmerzen und Übelkeit aufwacht. Schließlich entwickelte sich die Bezeichnung *Katarrh* im Laufe der Zeit zum *Kater*. Das arme Tier muss bis heute herhalten, wenn der Alkohol seine unschönen Nachwirkungen zeigt.

Einen Korb bekommen

So unglaublich es klingen mag, aber die Damen des Mittelalters haben ihren Verehrern tatsächlich manchmal einen Korb zukommen lassen, also nicht nur sprichwörtlich, sondern einen echten geflochtenen Korb. Dabei musste dies zunächst nicht unbedingt etwas negatives bedeuten, ein Korb konnte beides verheißen, Erfolg bei der Frau, aber auch Misserfolg.

Das ganze gestaltete sich so: Die etwas reicheren adeligen Frauen hatten an der Außenseite ihres Schlafzimmerfensters eine Seilwinde installiert, an der ein Korb hing. Stand nun ein Verehrer unten und bat um die Gunst der angebeteten Dame, so konnte diese den Korb herunterlassen, oder auch nicht. Selbst wenn sie ihn hinunterließ, musste das nicht unbedingt gutes verheißen, denn hatte sie zuvor den Boden im Korb entfernt, bedeutete das für den Mann, dass er unerwünscht war. Erhielt er aber zu seiner Freude einen Korb mit Boden, so durfte er einsteigen und wurde hochgezogen.

Bis heute ist uns dieser mittelalterliche Brauch als *fensterln* bekannt, und natürlich erwuchs aus dem korblosen Boden unsere bis heute benutzte Redewendung *Einen Korb bekommen*, wenn man von der Dame seiner Wahl abgewiesen wird.

Später, als das Mittelalter schon Vergangenheit war, lebte dieser Brauch weiter. Die Damen des 17. und 18. Jahrhunderts ließen einem unpassend erscheinendem Verehrer einen kleinen Handkorb ohne Boden zukommen.

Einen Obolus entrichten

Im antiken Griechenland waren die Münzen noch nicht rund, sondern eckig und spitz, denn sie wurden aus größeren Silberplatten herausgebrochen. Diese eckigen Geldeinheiten steckten die Menschen auf einen Spieß auf, um sie aufzubewahren oder zu transportieren. Ein *Obolus* war ursprünglich das griechische Wort für den Spieß, auf dem die Münzen aufgesteckt waren. Später wurde damit nur noch ein einzelnes Münzstück gemeint.

Sechs Stück dieser Münzen füllten eine Hand und ergaben die nächsthöhere Währungseinheit, die griechische *Drachme*. Drachme steht im Deutschen für *Handvoll* und bedeutete ursprünglich, dass man sich eine Hand voll mit Münzen genommen hatte. Da der einzelne Obolus einen nur geringen Wert darstellte, wurde er häufig dazu verwendet, um armen Menschen eine Spende zu machen. Besonders wichtig war der Obolus im Jenseitsglauben der antiken Griechen. Denn ein Obolus war der Lohn für den Fährmann Charon, der den Toten nur dann mit seinem kleinen Boot zum Hades fuhr, wenn diesem zuvor ein Obolus unter die Zunge oder zwischen die Zähne gelegt wurde.

Bis heute hat sich der Begriff in unserer Sprache erhalten, denn *entrichten wir unseren Obolus,* so meinen wir damit, eine kleine Spende zu machen.

Einen Ohrwurm haben

Kleinen Kindern wird erzählt, dass ein *Ohrwurm* nichts besseres zu tun habe, als nachts in die Ohren zu krabbeln und dort mies gelaunt ins Trommelfell zu beißen. Das stimmt zwar, dennoch stammt der Name nicht von dieser bestialischen gemeinen Freizeitbeschäftigung gelangweilter Würmer ab, sondern aus der Antike, als diese Art von Insekten pulverisiert und zur Heilung von Ohrkrankheiten verabreicht wurden. Irgendwann geriet die Heilkraft des *Ohrwurms* in Vergessenheit, und übrig blieb nur der Name. Somit musste sich der Volksmund eine neue Bedeutung für diese süßen Würmchen ausdenken.

Einen Vorwurf machen

Macht man einer Person einen *Vorwurf,* so schuldigt man sie einer bestimmten Tat oder eines persönlichen Verfehlens an. Was aber wird dabei geworfen? Wie so manch anderes stammt auch dieser Ausdruck aus dem Mittelalter, hier speziell aus dem ersten deutschen Strafgesetzbuch von 1532, der Constitutio Criminalis Carolina von Karl V. Endete ein Gerichtsprozess mit dem Todesurteil, so hatte der Richter gemäß der Verfahrensordnung seinen Stab zu zerbrechen, als Zeichen dafür, dass nun keine weitere Instanz mehr dem Verbrecher helfen konnte, das Urteil war endgültig. Anschließend warf er den zerbrochenen Stab vor die Füße des Täters und sprach die Worte *Nun helfe dir Gott, ich kann dir nicht mehr helfen.*

Einen Zahn zulegen

Legt man einen Zahn zu, so meint man damit, dass man etwas schneller fahren möchte. Genau dort, nämlich im frühen Automobilbau, hat die Redewendung ihre Wurzeln. Zu Beginn der Motorisierung besaßen Autos noch kein Gaspedal, sondern hatten einen Handgashebel, mit dem die Geschwindigkeit reguliert werden konnte. An diesem Hebel war ein Zahnkranz, der Zahn für Zahn eingerastet werden konnte und damit den PKW schneller fahren ließ. Einen Zahn zuzulegen bedeutete somit, die Geschwindigkeit zu erhöhen.

Ebenfalls auf den Automobilbau geht übrigens der Spruch *Auf die Tube drücken* zurück. Im Englischen heißt der Vergaserdurchlass im Motor *choke tube*, so dass *Auf die Tube drücken* schlicht und einfach bedeutet, Gas zu geben und damit zu beschleunigen.

Einer Frau den Hof machen

Mit *Hof* war früher der Wohnsitz eines Fürsten gemeint, als auch die ihn umgebenden und dienenden Personen, gerne als *Hofstaat* bezeichnet. Diese Leute *machten ihrem Fürsten den Hof*, was eigentlich nur bedeutete, dass sie für ihn arbeiteten, also den Dienst verrichteten, den sie gemäß ihrer Stellung für ihren Fürsten tun mussten. Sicherlich gab es aufgrund der Rangunterschiede die eine oder die andere Einschmeichelung beim Fürsten, so dass es nur eine Frage der Zeit war, bis die Tätigkeitsbezeichnung *Den Hof machen* auf das Umwerben einer Frau übertragen wurde. Aus dem Hofstaat entwickelte sich übrigens auch der Nachname *Hofmann*, denn ein Hofmann war eine Person, die am Hof des Fürsten im Rahmen des ihr zugewiesenen Amtes wirkte.

Eine Standpauke halten

Die *Standpauke* setzt sich aus zwei früheren Dingen zusammen, die wir längst nicht mehr kennen: Zum einen die *Standrede*, bei der zwei Personen heftig über einen rechtlichen Meinungsstreit miteinander diskutieren und sich dabei direkt gegenüberstehen. Zum anderen die *Pauke*, eine Rede bei der eine Person einer Straftat so sehr beschuldigt wird, als ob sie von lauten Paukenschlägen begleitet würde. Vermutlich in der Studentensprache früherer Jahrhunderte vermischte sich beides zur *Standpauke*, die dann zum Einsatz kam, wenn man einem anderen eine kurze und heftige Strafpredigt hielt, mit der eindringlich ins Gewissen geredet werden sollte.

Einmal ist keinmal

Gerichtstage bei den alten Germanen hießen *Mal* oder manchmal auch *Mahl*. Dort wurden alle Streitigkeiten geklärt, die unter den damals lebenden Urdeutschen entstanden. Es bestand die Tradition, dass der Beschuldigte nicht sofort verurteilt werden durfte, sondern mehrmals angehört werden musste. Man war damals so besonnen und wusste, dass die Beteiligten zunächst noch zu sehr von Emotionen gepackt waren, als dass sie ein gerechtes Urteil bereits nach der ersten Sitzung hätten fällen können. Auch den richtenden Personen traute man beim ersten Hören von der Tat noch kein ausgewogenes Urteil zu.

Es bürgerte sich daher ein, dass eine Verurteilung immer erst nach der dritten Anhörung möglich war, die an verschiedenen Tagen stattfinden mussten. Es waren mindestens drei *Male* notwendig, um über den Angeschuldigten richten zu dürfen. *Ein Mal* reichte nicht aus, *ein Mal* zählte so viel wie überhaupt *kein Mal*. Daraus entwickelte sich schließlich unsere bis heute genutzte Redewendung *Einmal ist keinmal*.

Ein Schwerenöter sein

Im Mittelalter verstand man unter einer *schweren Not* (*swaere not*) eine Krankheit, die vor allem durch Verhexung erworben wurde, wie beispielsweise Epilepsie. Mochte man eine Person nicht, weil sie unwürdig war, gemein oder verbrecherisch agierte, so wünschte man ihr die *schwere Not* in den Körper. Aus dieser Verwünschung wurde mit der Zeit die Bezeichnung *Schwerenöter* für derartige unerwünschte Menschen. Erst später wandelte sich die Bezeichnung etwas, da die Leute vergaßen, was *schwere Not* ursprünglich bedeutete. Heute benutzen wir die Bezeichnung *Schwerenöter* für einen Frauenhelden bzw. einen Mann, der sich als ein solcher aufspielt.

Ein Tabu brechen

Unser Begriff *tabu* stammt, man mag es kaum glauben, von dem polynesischen *tapu* ab. Bereits James Cook, der als Abenteurer und Seefahrer auf allen Weltmeeren umherschiffte, brachte das Wort im 18. Jahrhundert aus Polynesien mit. Dort stand *tapu* für *unantastbar*. Bei den Polynesiern war, wie könnte es anders sein, das Betreten von heiligen Stätten *tapu*. Ebenso durften die Häuptlinge nicht berührt werden. Das ist verständlich, denn auch in unseren Zeiten möchten unsere Häuptlinge, z.B. der Bundeskanzler oder unsere Landesfürsten, nicht von jedermann berührt werden.

Die Polynesier glaubten, dass ein Tabubruch den Zorn der Geister erregen und man sich dadurch viel Unglück in sein Leben holen würde. Das ist heute nicht mehr der Fall, aber auch bei uns kann ein

Überschreiten der sozialen gesellschaftlichen Grenzen unschöne Folgen haben. Ein Tabubruch bedeutet nicht die Verletzung eines Gesetzes oder eine Straftat, sondern stellt vielmehr die Verletzung eines moralischen Gebots dar, bzw. ist mit den Worten *So etwas tut man bei uns nicht* zu identifizieren.

Ein X für ein U vormachen

Im alten Rom war es aufgrund der Schreibweise einfach, Zahlen zu verändern, und dadurch kleine Betrügereien zu begehen. Die 5 war in der römischen Schreibweise ein V, die 10 war ein X. Nun musste beispielsweise ein Wirt, der seinem Gast statt 5 Glas Wein 10 Gläser abrechnen wollte, lediglich das V mit zwei Strichchen nach unten verlängern, und schon war ein X daraus geworden. Der Betrag hatte sich verdoppelt. Später machte der Volksmund aus dem V ein U und so entstand die Redewendung *Lass Dir bloß kein X für ein U vormachen*. Damit ist bis heute gemeint, dass man sich nicht übers Ohr hauen lassen soll.

Er hat es faustdick hinter den Ohren

Im Mittelalter glaubte man, dass List & Pfiffigkeit als kleine Kobolde direkt hinter den Ohren in den dort befindlichen Schädel- bzw. Hautschwülsten wohnen. Je schlauer und einfallsreicher ein Mensch war, desto größer musste der dort sitzende Kobold und dementsprechend der Körperwulst sein. Da man bereits in damaliger Zeit gerne zu Übertreibungen neigte, bezeichnete man diese Eigenschaften bei einer sehr gerissenen Person als *faustdick*. Er hatte es dann *faustdick hinter den Ohren*.

Manchmal wurde jener Kobold auch als *Schalk* bezeichnet. Dieser saß gerne im Nacken oder hinter den Ohren, so dass sich die Redewendung *Jemandem sitzt der Schalk im Nacken* bilden konnte.

Erledigtes abhaken

Wenn etwas auf einer Liste erledigt wurde, dann haken wir es mit einem kleinen, dem Buchstaben „v" ähnlichen Haken ab. Doch woher kommt diese Gewohnheit? Warum einen Haken, und nicht ein anderes Symbol?

Seinen Ursprung findet dieses Häkchen schon bei den alten Römern der Antike. Römische Beamte setzten damals ein v hinter einen erledigten Vorgang, was für das lateinische *vidi* stand, und so viel wie *Ich habe es angesehen* heißt. Mit der Zeit wurde das v zu einem Haken, da der rechte Strich des v schwungvoller durchgeführt wurde als der linke. Und schon war das bis heute gebräuchliche Häkchen entstanden.

Er lügt wie gedruckt

In der Zeit, als der Buchdruck so langsam aufkam, gab es viele Skeptiker, die gegenüber der modernen Technik kritisch eingestellt waren. Zuvor konnten Texte nur per Handschrift vervielfältigt werden, die vom Schreiber gekennzeichnet waren, so dass man den Verfasser genau identifizieren konnte. Das war durch den Buchdruck nun nicht mehr möglich, denn ein gedrucktes Blatt war keiner konkreten Person zuzuordnen. So kam schnell der Verdacht auf, dass durch die Druckpresse die Verbreitung von Unwahrheiten gefördert wurde, da kein Schreiber mit seinem Namen dafür gerade stand. Es entstand die bis heute gebräuchliche Redewendung *Lügen wie gedruckt*.

Er kann mir nicht das Wasser reichen

Kann jemand einer anderen Person *nicht das Wasser reichen*, so meint man damit, dass dieser dem anderen hoffnungslos unterlegen ist. Diese noch heute oft genutzte Redewendung kommt aus dem Mittelalter, als es noch üblich war, mit den Händen zu essen. In etwas besser gestellten Familien war das genauso, doch nutzte man vor und nach dem Essen wenigstens Schalen mit Wasser, um sich die Hände zu waschen. Arbeiteten Bedienstete im Hause, so mussten diese das Wasser reichen, sowohl der Familie, als auch deren Gästen. Nun gab es Diener mit den unterschiedlichsten Rängen, die ganz niedrigen waren für die einfachsten Arbeiten zugeteilt, und durften noch nicht einmal den Gästen die Schalen mit Wasser halten. Sie hatten nicht die Erlaubnis, den Gästen *das Wasser zu reichen*.

Es brennt mir auf den Nägeln

Die Mönche des Mittelalters hatten immer dann ein Beleuchtungsproblem, wenn sie eine Messe nachts oder in den frühen Morgen- oder Abendstunden abhielten. Dann mussten sie in viel zu dunklen Räumlichkeiten lesen, denn besonders hell war es in den dicken Gemäuern des Klosters nicht.

Um dem Abhilfe zu leisten, tröpfelten sie etwas Wachs auf ihre Fingernägel und setzten darauf eine kleine Kerze. Somit besaßen sie direkt an der Hand eine Lichtquelle, welche zum Lesen ausreichend war. Leider hatte diese winzige Kerze eine nur begrenzte Leuchtdauer, so dass es heißer und heißer auf den Fingernägeln wurde, je länger die Messe dauerte. Sicherlich wünschte sich so mancher Mönch ein baldiges Ende der Sitzung, wenn die Kerze schon weit heruntergebrannt war.

Andere Stimmen meinen, dass die Redensart lediglich auf das Herumtragen von Kerzen zurückgeht, egal ob im Kloster oder sonstwo, denn nicht immer war ein Kerzenleuchter oder Kerzenständer zur Hand. Musste man die Kerze längere Zeit in der bloßen Hand halten, so brannte diese herunter und kam den Fingern immer näher. Nachvollziehbar, dass es irgendwann sehr heiß wurde und die Flamme schon auf den Nägeln brannte.

Bis heute sagen wir, dass es uns *auf den Nägeln brennt*, wenn wir es besonders eilig haben oder eine Sache schnell zu ihrem Abschluss bringen möchten.

Etwas abknöpfen

Mit großer Wahrscheinlichkeit stammt dieser Begriff aus der Diebessprache vergangener Jahrhunderte. Dabei meinte man eine Person, die so wenig auf ihr Hab und Gut achtete, dass man sie ganz leicht bestehlen konnte. Sie war derart unvorsichtig, dass man ihr die Knöpfe vom Hemd hätte *abknöpfen* können, und sie hätte es noch nicht einmal gemerkt. Heute spricht man von *abknöpfen*, wenn man einer anderen Person etwas mit großer List entwendet.

Etwas abkupfern

Es gab eine Zeit, da war der Kupferstich die gebräuchlichste Variante, um Bilder zu vervielfältigen. Bei dieser Druckmethode wird eine glatt polierte Kupferplatte verwendet, in die mit einem speziellen Instrument Linien eingeschnitten werden. In diese Linien dringt später die Druckerschwärze ein, so dass die Farbe über eine Druckwalze schließlich auf Papier übertragen werden kann. Da von einer solchen Kupferplatte beliebig viele Kopien angefertigt werden können, bürgerte sich der Begriff *abkupfern* als Synonym für die Vervielfältigung ein.

Etwas auf dem Kerbholz haben

Im Mittelalter konnten die wenigsten Menschen lesen und schreiben. Dennoch musste gerade bei Händlern in irgendeiner Weise Buch geführt werden, um Zahlungen zu vermerken und noch unbezahlte Forderungen nicht zu vergessen. Um diesem Problem habhaft zu werden, zog man zwei Hölzer heran, die nebeneinander gelegt und auf beide gleichzeitig eine Kerbe eingeschnitten wurde. Diese Kerbe konnte beispielsweise eine offene Schuld darstellen. Anschließend erhielten sowohl der Schuldner als auch der Gläubiger jeweils eines der beiden Hölzer. Wurde die Zahlung geleistet, so legte man beide Hölzer erneut nebeneinander und ritzte eine weitere Kerbe ein. Diese symbolisierte nun, dass die Schuld erloschen ist.

Die Kerben in den Hölzern führten zu der Bezeichnung *Kerbholz*. Da diese meist für Schulden standen, hatte das Holz keinen guten Ruf. Bis heute trägt die Redewendung *Er hat etwas auf dem Kerbholz* einen negativen Klang in sich, denn damit ist gemeint, dass er sich etwas zu schulden hat kommen lassen. Meist ist heutzutage damit eine Untat gemeint, und nicht mehr unbezahlte Rechnungen.

Etwas auf die lange Bank schieben

Im Mittelalter wurde an den Gerichten die Akten nicht in Regalen gelagert, sondern auf eine Bank neben dem zuständigen Richter gelegt, manchmal auch auf eine kleine Truhe, die einer Bank ähnelte. So wie heute auch fiel es den Richtern damals bei manchen Fällen leichter, ein Urteil zu fällen, als bei anderen. Der eine oder andere Gerichtsfall war sogar so verzwickt, dass er am liebsten überhaupt nicht verhandelt werden wollte. Folgerichtig ließ der Richter den Fall lieber auf seiner Bank liegen und kümmerte sich um die simpleren Angelegenheiten zuerst. Die schweren Fälle blieben unbearbeitet. Bis heute resultiert daraus unsere Ausdrucksweise, dass wir ungeliebte Aufgaben gerne *auf die lange Bank schieben*, als sie zeitnah zu bearbeiten.

Übrigens ein weiterer Spruch, der vor Gericht entstanden ist, ist *Jemandem zur Seite springen*. Wollte man einem Angeklagten helfen und zu seinen Gunsten eine Aussage machen, so musste man sich an seine Seite stellen. Erst dann durfte man sprechen. Heute *springen wir einer Person zur Seite*, wenn wir ihr helfen wollen.

Etwas auf Vordermann bringen

In einer Reihe stehende Soldaten müssen sich am Vordermann orientieren, um ein geordnetes Gruppenbild herbeizuführen. Steht ein Soldat nicht korrekt, so muss er *auf Vordermann gebracht*, also mit dem vor ihm stehenden Soldaten synchronisiert werden. Da das ganze im Idealfall ziemlich ordentlich aussieht, hat die Mundart jene Redewendung gleich mal mit in den allgemeinen Sprachgebrauch aufgenommen und benutzt sie immer dann, wenn ein Zustand der Ordnung und Sauberkeit angestrebt wird.

Etwas ausbaden müssen

Früher gab es noch öffentliche Badehäuser mit einzelnen Wannen, in denen sich die schmutzigen Menschen des späten Mittelalters säubern konnten. Dies geschah häufig so, dass das Badewasser von mehreren Personen nacheinander verwendet wurde. Der letzte hatte dabei die undankbare Aufgabe, das Wasser aus der Wanne zu lassen und diese anschließend reinigen zu müssen. Sprich, man hatte den Schmutz der anderen zu entfernen. Vermutlich war das dann zum Ausgleich das billigste Badeticket? Aus dieser Aufgabe entwickelte sich jedenfalls die Redewendung *Er musste es ausbaden*, die gerne benutzt wird, wenn man für etwas einstehen muss, was eigentlich ein anderer verursacht hat.

Etwas aus dem Hut ziehen

Irgendwann einmal, vor vielen Jahrhunderten, hatten findige Bogenschützen die Idee, Ersatzsehnen unter ihrem Helm zu verstauen. Ging im Kampf die Sehne ihres Bogens kaputt, so holten sie aus diesem einfach eine neue heraus, spannten den Bogen, und setzten den Beschuss fort. Der Gegner wusste nichts von jenem neu ausgedachten Ersatzteilelager, und konnte es unter dem Helm auch nicht zuvor entdecken. Als der erste Schütze plötzlich eine Sehne holte, waren die Gegner sehr überrascht und verwundert.

Natürlich wurde diese neue Strategie nach der Schlacht von Mund zu Mund weitererzählt, und so kam es zu der Redewendung, dass die gewitzten Schützen ihre Sehnen *aus dem Hut gezogen hatten*, mithin den Gegner völlig überraschten.

Bis heute erstaunen wir unser Gegenüber, wenn wir beispielsweise ein gutes Argument in ein Gespräch einbringen und es damit sozusagen *aus dem Hut ziehen*. Zauberer, die Dinge oder Kleintiere aus ihrem Zylinder zogen, waren somit nicht die Schöpfer dieses Spruchs. Aber sicherlich haben auch diese dazu beigetragen, dass der Überraschungscharakter des etwas-aus-dem-Hut-ziehens bis in unsere Zeiten erhalten blieb.

Etwas ausmerzen

Wollen wir heutzutage etwas *ausmerzen*, so möchten wir es *vernichten* oder *beseitigen*. Seinen Ursprung hat der Ausdruck in der Schafszucht, denn im Frühling werden die neuen Schafe geboren. Waren diese nicht gesund genug, um mit der Herde mitlaufen zu können, so musste sie der Schäfer töten. Da das meist im Monat März geschah, entwickelte sich daraus der Begriff *ausmerzen*.

Etwas durch die Lappen gehen lassen

Früher nutzten Jäger bei Treibjagden größere Laken, die sie zwischen den Bäumen aufhingen. *Lappjagd* ist hierfür der Fachbegriff. Diese sichtbaren Barrieren sollten das gejagte Wild in eine bestimmte Richtung laufen lassen, denn die Tiere konnten während der Flucht nicht so schnell erkennen, dass es sich um keine echten Hindernisse handelte. Ist ein gejagtes Tier aber doch mal unter dem Stoff hinweggeschlupft, dann ging es den Jägern *durch die Lappen*. Bis heute hat sich der Spruch gehalten, wenn einem versehentlich etwas wichtiges entgangen ist.

Etwas halten wie ein Dachdecker

Gebe ich jemandem die Empfehlung, dass er dies *halten könne wie ein Dachdecker*, so meine ich damit, dass er selbst entscheiden kann, wie es gemacht werden soll, und dass er es nicht so genau nehmen solle. Die eine Entscheidung ist so gut wie die andere. Genau darauf basiert der Ursprung dieser Redewendung: Die Dachdecker sitzen ganz oben auf dem Haus und verrichten dort relativ ungestört ihre Arbeit. Niemand kontrolliert den Dachdecker, denn welcher Bauherr möchte schon sein Leben riskieren und aufs Dach steigen? Insofern stehen dem Dachdecker viele Freiheiten bei der Erledigung seiner Arbeit zur Verfügung, und bei Fehlern wird vielleicht nicht so genau hingeschaut. Die Bevölkerung wusste das, und im Laufe der Geschichte wanderte dieser Spruch von den Baustellen in die Alltagssprache.

Unser Haus*dach* stammt übrigens von dem althochdeutschen Wort *dah* ab und hatte damals die Bedeutung *das Deckende*.

Im Mittelalter wurden viele Hausdächer aus Stroh gebaut, was man einfach wieder entfernen konnte. So kam es, dass sich aus diesem Umstand eine Form der Strafe entwickelte: Man stieg dem Täter auf das Dach und deckte es ab. Das hatte den bildlichen Zweck, den Missetäter vor Gott und der Öffentlichkeit bloßzustellen.

Ebenfalls wurde man sein Dach los, wenn man einen Straftäter im eigenen Haus wohnen lies. Aus dieser Tradition entwickelte sich der uns bis heute geläufige Begriff *etwas aufdecken*, im Sinne von *eine Tat aufklären*.

Die betroffenen Personen hatten dann *kein Dach mehr über dem Kopf*, gleichfalls eine bis heute genutzte Redewendung, die auf diesen Brauch zurückgeht. Ähnliches gilt für den Spruch *Jemandem aufs Dach* steigen, wenn man auf eine Person Druck ausübt und diese anschuldigt.

Etwas hat Hand und Fuß

Im Mittelalter galt ein Ritter als kriegstauglich, solange er zumindest noch seine rechte Hand und den linken Fuß besaß. Die rechte Hand benötigte er, um das Schwert zu halten, den linken Fuß, um auf das Pferd zu steigen. Er hatte dann *Hand und Fuß*.

Linke Hand/Arm und rechter Fuß/Bein konnten fehlen, alles andere musste dran sein am Mann. War das nicht der Fall, so konnte der Ritter nicht mehr in die Schlacht geschickt werden, sondern in den Ruhestand. Die Redensart bezieht sich daher nicht auf beide Hände und beide Füße, sondern in ihrer historischen Variante tatsächlich nur auf die für den Kriegseinsatz wirklich benötigten Körperteile.

Heutzutage ist diese ursprüngliche Bedeutung in Vergessenheit geraten, die Redensart wird aber nach wie vor gerne dazu genutzt, um beispielsweise Vollständigkeit auszudrücken, oder dass etwas in Ordnung ist und funktioniert.

Etwas im Schilde führen

Ritter waren in ihren Rüstungen kaum zu unterscheiden, vor allem wenn das Visier am Helm zugeklappt war. Um dennoch wissen zu können, wer vor einem steht, wurden die Schilder mit den Wappen der Ritter bemalt. So war erkennbar, ob der Ritter freundlich oder feindlich gesinnt war, ob er zur eigenen Mannschaft gehörte oder zum Gegner, und somit welche Absichten er vermutlich mit sich führte. Daraus entstand mit der Zeit die Redewendung *Er führt etwas im Schilde*, welche heute einen eher negativen Beigeschmack besitzt. Denn gemeint ist dann eine Person, die nichts gutes vorhat.

Etwas in petto haben

Hat man etwas *in petto*, so bedeutet das, dass man noch eine Idee oder ein Argument in sich trägt, das man bislang nicht geäußert hat, dies aber zur Überraschung anderer Personen bald tun könnte. Die Redewendung geht auf das italienische *in petto* zurück, was so viel wie *im Herzen* oder *in der Brust* bedeutet.

Etwas ist nicht ganz koscher

Das Wort *koscher* entstammt dem hebräischen *kascher* und bedeutet so viel wie *richtig, tauglich, zum Genuss erlaubt*. Möchte ein Jude *koscheres* Essen, so bedeutet das letztendlich nur, dass er um genießbares Essen bittet, also Essen, das nach den Grundsätzen seiner Religion zubereitet wurde. Aus dem Wort entstammt die Redewendung *Etwas ist nicht ganz koscher*, was so viel bedeutet wie *Damit stimmt etwas nicht*.

Etwas springen lassen

Durch alle Zeiten hinweg haben Geldfälscher versucht, auf einfachste Weise persönlichen Reichtum zu schaffen. Damals wie heute wurden im Gegenzug Methoden überlegt, wie gefälschtes Geld ausfindig gemacht werden kann. Eine Vorgehensweise war diejenige, Münzen beim Bezahlen auf den Tisch des Händlers, auf den Boden oder auf einen Stein *aufspringen* zu lassen. Man kannte seine Münzen, und man kannte deren Klang. War dieser anders als gewöhnlich, so lag der Verdacht nahe, dass es sich um eine gefälschte Münze handeln könnte. Aus diesem Umstand entwickelte sich der Ausspruch *Etwas springen lassen* für den Bezahlvorgang im allgemeinen. Heute hat die Redewendung eine durchaus positive Bedeutung, da sie dafür steht, anderen etwas zu spendieren oder sie einzuladen.

Etwas unverblümt sagen

Sagt man jemandem etwas *unverblümt*, so spricht man es direkt aus, ohne groß darum herum zu reden. Was aber hat dieses Wort mit Blumen zu tun? Bedeutet eine geradlinige Ansprache der Probleme etwa, dass man keine Blumen zwischen sich und dem Gegenüber stellt?

Erstaunlicherweise ist es genau so. Denn im Mittelalter waren die Leute daran gewohnt, bestimmte Dinge mit Hilfe von Blumen anzudeuten. Vor allem immer dann, wenn es um Sachen ging, die man nur schwierig sagen wollte. Viele Blumensorten hatten eine ganz bestimmte Bedeutung, und je nach Anlass wählte man die passende hierfür aus. Wurde eine Frau beispielsweise von einem Mann verehrt, war selbst aber nicht an ihm interessiert, so überreichte sie ihm eine *Kornblume*. Diese symbolisierte die Ablehnung, und der Mann wusste Bescheid. So manch eine Blume weist alleine durch ihren Namen bis heute auf ihre frühere Symbolkraft hin, z.B. das *Vergissmeinnicht*. Ganz nebenbei entstand eine bis heute gebräuchliche Redewendung: *Etwas durch die Blume sagen*.

Etwas verbockt haben

Wer etwas *verbockt* hat, der muss sich einen ziemlich großen Fehler eingestehen. Der Begriff stammt aus früheren Jahrhunderten, als Schützen in ihren Gilden Wettschießen durchführten. Derjenige, der die meisten Fehler machte und damit am schlechtesten schoss, erhielt als Zeichen seines Versagens einen Bock überreicht. Damit stand der Bock gleichbedeutend für die vielen Fehler. Der Schütze hatte einen *Bock geschossen* bzw. das Wettschießen *verbockt*.

Eulen nach Athen tragen

Der Ausspruch *Eulen nach Athen* tragen bedeutet, etwas völlig sinnloses zu tun. Seinen Ursprung findet die Redewendung in der Tatsache, dass im antiken Athen unzählige Eulen hausten. Hätte man damals noch mehr Eulen in die Stadt gebracht, so wäre das sinnfrei gewesen, da es dort schon genug gab. Möglicherweise geht das Sprichwort aber auch auf die Eulen zurück, die auf den griechischen Münzen bereits zu damaligen Zeiten aufgedruckt waren.

Falscher Fuffziger

Zwar wurde schon immer versucht, durch illegale Methoden das Geld zu vermehren, doch die große Welle der Geldfälscherei fand ihren Anfang in Berlin. Bereits um 1840 wurde der Markt mit einer unerwartet großen Anzahl an gefälschten 50-Taler-Scheinen überschüttet. Die Bevölkerung reagierte und wurde vorsichtiger im Umgang mit dem Papiergeld, der Warnhinweis *Achtung falscher Fuffziger!* etablierte sich. Betroffen waren im Laufe der Geschichte nicht nur die Scheine, auch die eher geringwertigen Münzen waren nicht vor Fälschungen sicher. So wurde der Kern einer 50-Pfennig-Münze statt mit Silber mit dem günstigeren Blei gegossen. Diese Fälschung war leicht erkennbar, man musste nur auf die Münze beißen und konnte so den weichen Bleikern erkennen. Auch hier lag ein *Falscher Fuffziger* vor. Heute verwenden wir den Ausdruck gerne für einen Gauner oder Lügner, der uns durch üble Tricks ans Geld will.

Fazit ziehen

Ziehen wir ein *Fazit* aus etwas, so ist das meist eine Art von Zusammenfassung oder Schlussbemerkung. Ursprünglich wurde das *Fazit* als *facit* geschrieben und entstammt den lateinischen Rechenbüchern früherer Zeiten. Es heißt auf deutsch so viel wie *es macht zusammen*.

Firlefanz veranstalten

Ein im Mittelalter sehr beliebter, aus Frankreich importierter Kreistanz, bei dem sich Männer und Frauen in Reihe aufstellten und dann umeinander drehten, trug den Namen *Virelai* bzw. *Firlefei*, oder eingedeutscht *Firletanz*. Die Kirche war gegen diese Tänze, sie sah darin Teufelswerk, und gerade bei Kreistänzen säße der Teufel mitten im Kreis. Kein Wunder, dass der Name des Tanzes nach einiger Zeit einen negativen Beigeschmack bekam, vor allem aus Sicht der ganz strengen Christen.

Ausgehend vom *Firletanz* entwickelte sich der Begriff *Firlefanz* und bezeichnete zunächst eine sinnlose Zeitverschwendung. Später weitete sich die Bedeutung des Wortes aus und umfasste nun auch wertlose Sachen, die auf Jahrmärkten angeboten wurden. Bis heute wird der Ausdruck benutzt und meint vor allem albernes Herumgetue und unnötiges Zeugs.

Flagge zeigen

Teilt man in einem Gespräch eindeutig seinen eigenen Standpunkt mit, so *zeigt man Flagge*. Der Ausdruck stammt aus der Schifffahrt, da dort die einzelnen Schiffe durch ihre Flagge identifiziert werden können.

Im Unterschied zur *Fahne*, die ein an einem Stab befestigtes Tuch darstellt, meint eine *Flagge* das Tuch mit dem Abzeichen oder Symbol an sich. Ein *Banner* wiederum ist eine Fahne, die von einem horizontalen Stab herunterhängt.

Wenn wir schon einmal dabei sind: Warum werden Fahnen und Flaggen bei Staatstrauer eigentlich auf Halbmast gesetzt? Nun, diese Tradition fand ihren Ursprung bereits im Jahr 1612, als die Engländer vor der Küste Grönlands unterwegs waren und mit ihren Schiffen die vermutete, aber noch nicht entdeckte Nordwestpassage suchten. Diese sollte einen Weg nördlich des amerikanischen Kontinents vom Atlantik zum Pazifik eröffnen und dadurch eine neue Handelsroute preisgeben.

Als die Seemänner einen Landgang auf Grönland durchführten, wurde der Kapitän James Hall von Eskimos angegriffen und getötet. Um dem noch etwas weiter entfernten zweiten Expeditionsschiff den Tod mitzuteilen, hisste man die Flaggen des am Ufer befindlichen Schiffs auf halbe Höhe. Der Kapitän Sir Baffin, der das zweite Expeditionsschiff führte, verstand sofort, was gemeint war. Denn durch das Senken der Flaggen wurde symbolisch Platz gemacht für die schwarze Flagge des Todes. Seitdem hat es sich eingebürgert, bei Trauer die Flaggen auf Halbmast zu setzen, um der unsichtbaren schwarzen Flagge des Todes Raum zu verschaffen. Diese schwarze Flagge wiederum geht auf das Jahr 1521 zurück, als beim Tod von Papst Leo X. erstmalig schwarze Fahnen aufgezogen wurden.

Für jemanden die Hand ins Feuer legen

Diese Redewendung geht auf ein Gottesurteil im Mittelalter zurück. Behauptete ein Beschuldigter seine Unschuld, so durfte er zu deren Beweis die Hand für eine festgelegte Zeitspanne in ein Feuer legen. Blieb die Hand unversehrt, so sagte er die Wahrheit und wurde freigesprochen. Zeigte die Hand Verbrennungen, so erzählte er eine Lüge und wurde verurteilt. Je schwerer die Verbrennungen waren, desto schwerer wurde er bestraft. Bis heute hat sich die Aussage gehalten, dass man für eine bestimmte Person *die Hand ins Feuer legt*, wenn man von deren Unschuld vollständig überzeugt ist.

Ebenfalls seinen Ursprung im Gottesurteil hat die Redewendung *Darauf kannst du Gift nehmen*. Musste herausgefunden werden, ob eine Person die Wahrheit sagte, so reichte man ihr einen Becher mit Gift. Überlebte sie den Trank, so sagte sie die Wahrheit, starb sie, so war es eine Lüge. Bis heute hat sich die Redewendung erhalten, und meint im allgemeinen, dass man sich auf etwas vollkommen verlassen könne, etwas hundertprozentig sicher ist.

Furore machen

Macht eine Person *Furore*, so bedeutet das, dass viel über sie geredet wird, dass sie im Mittelpunkt des öffentlichen Interesses steht und dementsprechend Aufsehen erregt. Die Redewendung entstand ungefähr zu Beginn des 19. Jahrhunderts und entstammt dem italienischen *far furore*, was für Leidenschaft, Raserei und Begeisterung steht.

Gefahr im Verzug

Wenn der römische Historiker *Titus Livius* Kämpfe schilderte, nutzte er gerne die lateinische Formulierung *periculum in mora*. Zu übersetzen ist das mit *Gefahr bei Verzögerung*. Er wollte damit ausdrücken, dass Gefahr drohe, wenn in einer bestimmten Situation nicht sofort gehandelt werden würde. Daraus entstand später die etwas falsche deutsche Übersetzung *Gefahr im Verzug*, welche es aber in unseren allgemeinen Sprachschatz schaffte und bis heute ihre Anwendung in so manchem Gesetzestext findet.

Geld auf den Kopf hauen

Gibt jemand viel zu viel Geld aus, so gilt er als Verschwender, er *haut sein Geld auf den Kopf*. Stellen wir uns diese Redensart bildlich vor, so sehen wir eine Person, die ihre Geldmünzen einer anderen an den Kopf wirft. Kann dieser Spruch so entstanden sein? Natürlich nicht. Das ganze hat, wie könnte es anders sein, historische Wurzeln. In früheren Zeiten nutzte das einfache Volk meist Münzen zum Bezahlen, Geldscheine waren noch unbekannt oder bei den gewöhnlichen Tagesgeschäften eher ungebräuchlich. Auf der einen Seite der Münze befand sich die Zahl, auf der anderen der Kopf des Herrschers, Königs, Kaisers, Fürsten usw. Zum Bezahlen legte man nun die Münze mit der Zahl nach oben, da die Münzen sich ähnelten und alleine aufgrund ihrer Größe und Farbe nicht so gut unterscheidbar waren. Somit musste man zum Bezahlen zwangsläufig sein Geld auf den Kopf legen, um die Zahl auf der Münze sehen zu können. Zahlte man mit etwas Unlust oder Wut angesichts des hohen Preises, so *haute man sein Geld auf den Kopf*.

Geld herausschlagen

Schlagen wir bei etwas *Geld heraus*, so meinen wir damit, einen Gewinn gemacht zu haben. Seinen Ursprung hat die Redewendungen in den mittelalterlichen Prägewerkstätten, in denen Münzen aus Edelmetallbarren herausgeschlagen wurden. Zunächst drückte der Handwerker der Rohmünze mit Hilfe eines Prägestempels ihre Werteinheit auf, dann erhielt sie den Kopf des Landesherrn auf der anderen Seite. Abschließend schlug er sie aus dem Metallbarren heraus.

Geld stinkt nicht

Man sagt dem römischen Kaiser Vespasian nach, dass er von seinem Sohn geschimpft wurde, weil er die öffentlichen Toiletten im alten Rom mit einer Steuer belegt hatte. Angeblich hielt der Vater seinem Sohn dann Geld unter die Nase, das aus eben dieser Toilettensteuer stammte und meinte *pecunia non olet!*, was auf deutsch so viel heißt wie *Geld stinkt nicht*.

Geschniegelt und gestriegelt

Ist man *geschniegelt*, so hat man sich sehr hübsch angezogen, und bietet seinem Umfeld eine gepflegte Erscheinung. Ursprünglich geht der Ausdruck *geschniegelt sein* auf die Pflege eines Pferdes zurück. Bis ins 18. Jahrhundert hinein meinte man damit, ein Pferd zu kämmen. Ein Pferd zu *striegeln* bedeutet dagegen, es mit dem *Striegel* zu pflegen, was ein spezielles Instrument zur Reinigung von Pferden ist, mit dem man das Fell des Tieres gegen den Strich bürstet. Insofern benutzt man oft den Doppelausdruck *Geschniegelt und gestriegelt*, um eine sorgfältige Eigenpflege auszudrücken.

Gewappnet sein

Wenn Sie jemandem sagen, dass Sie *gegen alles gewappnet sind*, so wollen Sie damit zum Ausdruck bringen, dass Sie sich auf alle Eventualitäten gut vorbereitet haben. Ähnliches gilt für den Ausspruch *Ich bin gut gerüstet!* Beide Redewendungen kommen, wie könnte es anders sein, aus unserem Mittelalter. Der Ritter zieht seine Rüstung an und ist ab diesem Moment bereit für den Kampf, er ist gegen jeglichen Angriff *gut gerüstet*.

Gleiches gilt für den Ausdruck *gewappnet sein*, jedoch verstand man das Wort *Wappen* im frühen Mittelalter noch anders als heute. Damals entsprach *Wappen* einer anderen Bezeichnung für *Waffe*. War der Ritter *gewappnet*, so war er *bewaffnet*. Erst später, im 16. Jahrhundert, wandelte sich der Begriff *Wappen* von der Waffe zum Symbol auf dem Schild.

Guten Rutsch!

Wünschen wir unseren Mitmenschen zu Silvester einen *guten Rutsch* in das neue Jahr, so meinte man ursprünglich nicht damit, dass diese möglichst gut in das neue Jahr hinübergleiten sollen. Der Spruch *Ich wünsche Dir einen guten Rutsch!* stammt vermutlich von dem hebräischen Wunsch *Rosh Ha Schana tov* was so viel wie *Guter Anfang!* bedeutet. Hatten sich Juden diesen Wunsch gegenseitig geäußert, so verstanden möglicherweise Zuhörer, die des Hebräischen nicht mächtig waren, ein aus dem *Rosh* gebildeten *Rutsch*. Im Zuge der damals üblichen Abneigung gegen Juden machte man sich über diese lustig und bildete den bis heute gebräuchlichen *Guten Rutsch!*

Eine andere Betrachtungsweise geht auf die zweite Bedeutung des Wortes *Rutsch* zurück, die es vor ca. 200 Jahren noch besaß: *Reise*. Wünschte man sich einen *guten Rutsch*, so meinte man damit eine *gute Reise*. Es erscheint als nachvollziehbar, dass dieser Wunsch auch zu Jahresbeginn ausgesprochen wurde, um eine gute Reise durch das neue Jahr zu wünschen.

Hals- und Beinbruch!

Im Mittelalter glaubte man an die verschiedensten bösen Geister, die die ganze Zeit nur darauf warteten, einem Übles zuzufügen. Unter anderem hegten die Leute die Befürchtung, dass die Geister vor allem gute Wünsche aus Spaß ins Gegenteil verkehrten, um sich einen Spaß mit den armen Menschen zu machen. Dem versuchten die Abergläubischen von Anfang an entgegenzuwirken: Man verabschiedete sich mit einem möglichst üblen Spruch, wie eben *Hals-*

und Beinbruch! Dann konnte man sicher sein, dass die bösen Geister einen in Ruhe ließen.

Haltet die Ohren steif!

Dieser Spruch stammt aus der Tierwelt, denn viele Tiere strecken ihre Ohren hoch, wenn sie aufmerksam sind. Gerade in der Landwirtschaft wurden lange Zeit Pferde und Esel eingesetzt, denen man ihre Aufmerksamkeit gegenüber dem Bauern an der Haltung der Ohren ablas. Irgendwann übertrug sich dieser Eindruck auf den Menschen, und fortan wurden Freunde und Bekannte mit der Bemerkung *Halt die Ohren steif!* verabschiedet. Man wollte Ihnen sozusagen immerwährende Aufmerksamkeit und Wachheit wünschen, ähnlich dem ebenso gebräuchlichen *Pass auf Dich auf!*

Hieb- und Stichfest

Gilt etwas als *hieb- und stichfest*, so ist es laut Duden durch mögliche Einwände in seiner Gültigkeit nicht zu erschüttern, es ist unwiderlegbar, fundiert.

Seinen Ursprung nahm die Redewendung im Mittelalter, als Ritter vor den Schwertern des Feindes geschützt werden sollten. Da der Aberglaube in dieser Zeit weit verbreitet war, nutzte man magische Rituale, die dem Kämpfer Unverwundbarkeit bescherten. Eine der dabei angewandten Formeln war das *hieb- und stichfest machen,* das im Zuge der Segnung vor dem Kampf gegenüber dem Ritter durch den Priester ausgesprochen wurde.

Hinter schwedischen Gardinen sitzen

Als *schwedische Gardinen* werden die Eisenstäbe an den Fenstern einer Gefängniszelle bezeichnet. Dieser Begriff hat seinen Ursprung im damals hochwertigen schwedischen Stahl, der besonders gerne für die Herstellung von Fenstergittern verwendet wurde. Die Gefangenen nannten daher die Gitter bereits vor über 100 Jahren ironisch *schwedische Gardinen.*

Hinz und Kunz

Im Mittelalter wählten viele Familien aus den Reihen der einfachen Landbevölkerung Vornamen für ihre Söhne, die von Adeligen, Fürsten und Königen entnommen waren. So kam es, dass zahlreiche Neugeborene auf *Heinrich* oder *Konrad* getauft wurden. Im Alltag änderten sich diese Namen zu dem, was wir heute als Spitznamen bezeichnen, ein Heinrich erhielt den Rufnamen *Hinz*, und ein Konrad wurde zu *Kunz*. Da es zahlreiche dieser Namensvertreter gab, standen die beiden Vornamen irgendwann als Synonym für das alltägliche, ganz normale. So bürgerte sich die Redewendung *Hinz und Kunz* ein, wenn man etwas ganz banales ausdrücken wollte.

Höchste Eisenbahn

Wenn es gerade wirklich eilig ist, so sagen wir manchmal *Jetzt ist es aber höchste Eisenbahn!* Das erscheint auf den ersten Blick verständlich, denn wenn man seinen Zug erwischen möchte und spät dran ist, kann es zeitlich immer mal wieder eng werden. Aber warum hoch? Wie kann eine Eisenbahn hoch sein? Und die *höchste Eisenbahn*? Müsste es nicht vielmehr heißen *Jetzt ist es aber höchste Zeit?*

Genau so dachte auch der Berliner Schriftsteller Adolf Glaßbrenner, als er 1847 sein Theaterstück Ein *Heiratsantrag in der Niederwallstraße* schrieb. Der Autor wollte ein lustiges Stück kreieren, und baute hierzu einen Postboten ein, der gerne die Satzstellung durcheinanderbrachte.

Wie man sich bereits denken kann, hat es der Postbote an einer Stelle des Stücks besonders eilig, denn er muss zum Bahnhof um die dort eingetroffene Post abzuholen und auszutragen. Tolpatschig wirft er just in diesem Moment einmal wieder alles durcheinander und meint *Es ist allerhöchste Eisenbahn, die Zeit ist schon vor drei Stunden angekommen!* Das Publikum genoss diese Szene und musste darüber anscheinend so lachen, dass der Spruch Einzug in die Berliner Alltagssprache fand, und von dort seinen Siegeszug durch ganz Deutschland bis in unsere heutige Zeit antrat.

Höflich sein

Wurde man im Mittelalter in eine adelige Familie hineingeboren, so lag das Ziel der Knaben darin, durch Aufstieg zum Ritter selbst zu einem vollwertigen Mitglied des Adels zu werden. Das ging nur, indem der Junge den *Ritterschlag* erhielt.

Dazu wiederum musste er in einem ersten Schritt im Alter von sieben Jahren weitere sieben Jahre lang als Page bei Hof dienen. Es ging darum, dass der junge Mann genug Erfahrungen sammelte, um die dortige Umgangsformen perfekt zu beherrschen. Er hatte die Aufgabe, *höflich* zu werden. Bis heute nutzen wir diese Ausdrucksweise für Personen, die besonders gute Umgangsformen in Bezug auf andere Menschen besitzen.

Nach diesen sieben Jahren, das Kind war inzwischen 14 geworden, musste es nochmals sieben Jahre lang als Knappe einem Ritter zur Seite stehen. Bei diesem hatte der Junge vor allem den Umgang mit Waffen zu erlernen.

Mit 21 Jahren schließlich erhielt der junge Mann die *Schwertleite*, welche später als *Ritterschlag* bezeichnet wurde. Im Zuge dieser Feierlichkeit wurden dem gerade neu erkorenen Ritter goldene Sporen an die Schuhe angelegt.

Dass er tatsächlich ein guter Ritter geworden war, musste er schließlich in der ersten Schlacht gegen den Feind beweisen. Erst danach hatte er sich *seine Sporen verdient*. Erweist sich eine Person in der heutigen Zeit in Bezug auf einen bestimmten Umstand als würdig oder zeichnet sich durch eine gut gemeisterte Prüfung aus, so sagen wir noch immer, dass sie sich nun *ihre Sporen verdient* hat.

Holzauge sei wachsam

Gegen Ende des Mittelalters kamen die ersten Handfeuerwaffen auf den Markt. Um diese für die Verteidigung der Burgen nutzen zu können, wurde eine speziell für die neue Waffengattung vorgesehene Schießscharte entwickelt. Jene trug den Namen *Kugelscharte* und stellte ein kreisrundes Loch in der Festungsmauer dar, in welchem eine Holzkugel eingefasst wurde. Diese Kugel war nach allen Seiten hin drehbar und besaß in der Mitte ein Loch, durch das der Schütze seine Büchse stecken und auf den Feind schießen konnte.

Durch die Art der Konstruktion hatte die Büchse sicheren Halt, so dass die Gefahr des Vorbeischießens durch zittrige Bewegungen ausgeschlossen war. Zugleich hatte der Schütze durch die drehbare Kugelkonstruktion ein breites Gesichts- und Zielfeld, war selbst aber vor den Kugeln der Feinde geschützt.

Es ist gut möglich, dass die Soldaten das neue Verteidigungssystem als *Holzauge* bezeichneten. Der Schütze dahinter musste wachsam sein und den Feind frühzeitig entdecken bzw. treffen, so dass dadurch vermutlich unsere bis heute verwendete Redewendung *Holzauge sei wachsam* entstand.

Ich bin geliefert

Ist eine Person *geliefert*, so will man heutzutage damit sagen, dass sie völlig am Ende oder sogar ruiniert ist. Der Ausdruck geht auf eine frühere Bedeutung des Wortes *liefern* zurück, denn damals meinte man damit auch, einen Verbrecher an die Polizei zu übergeben, ihn vor Gericht zu stellen, oder ihn ins Gefängnis zu bringen.

Ich bin total baff

Der Ausdruck *baff* entstand im 17. Jahrhundert, als lautmalerische Bezeichnung eines Gewehrschusses. Durch das Abfeuern erschraken die nebenan stehenden Personen, oder zuckten zumindest ein wenig zusammen. Sie waren erschrocken und damit ganz *baff*.

Ich drück Dir die Daumen

Für die Germanen waren die Daumen das Symbol für zwei Kobolde, die kein Unheil anrichten durften und daher unter Kontrolle gehalten werden mussten. Unternahm ein Stammesgenosse eine waghalsige Aktion, so gab es bereits damals den sinngemäßen Spruch, dass man ihm *die Daumen halte*, damit die beiden Kobolde nicht entwischen und die Unternehmung zum Scheitern bringen konnten. Das Umschließen der Daumen mit den anderen Fingern sollte zeigen, dass man die Kobolde gut festhielt, so dass diese keinen Schabernack treiben konnten. Bis heute hat sich die Geste erhalten, wenn wir jemand anderem Glück wünschen möchten.

Ich fühle mich wie gerädert

Das *Rädern* war eine der grausamsten Todesstrafen im Mittelalter: Zunächst band man den Verurteilten auf ein Holzgestell, so dass er sich kaum noch rühren konnte. Anschließend nahm man ein schweres Wagenrad, und ließ es auf seine Arme und Beine fallen. Zunächst waren die Unterschenkel und Füße dran, dann die Oberschenkel, dann die Arme und Hände.

Waren sämtliche Gliedmaßen derart gebrochen, dass kein einziger Knochen mehr heil geblieben ist, und schauten die zerstörten Knochen sogar schon aus der Haut heraus, so wurde es Zeit für den nächsten Akt: Der Täter wurde wieder losgebunden und auf ein anderes, größeres Wagenrad festgezurrt. Dabei verschlang man die gebrochenen Gliedmaßen um die Speichen des Rades herum, denn diese waren mit den kaputten Knochen sehr formbar, und band sie schließlich mit Seilen am Rad fest.

Das Wagenrad wurde nun zusammen mit dem Verurteilten auf einen Stab gesetzt, wo er schließlich in quälend langsamer Weise auf seinen Tod warten musste. Manchmal zündete man unter dem Rad noch ein Feuer an, damit die Schmerzen durch Verbrennung hinzukamen, manchmal wurde der armen Kerl auch mitsamt dem Rad direkt ins Feuer geworfen.

Sagt man heutzutage, man *fühle sich wie gerädert*, so geht dieser Ausspruch auf diese damalige schreckliche Hinrichtungsart zurück, und bedeutet meist, dass man vor allem starke Gliederschmerzen durch Muskelkater o.ä. hat, sich also kaum bewegen kann.

Ein interessanter Fakt zum Thema Todesstrafe: Natürlich gibt es sie inzwischen in Deutschland nicht mehr, da unser Strafgesetzbuch diese Form der Bestrafung nicht vorsieht. Dennoch fand sich bis vor wenigen Jahren noch die Möglichkeit, eine schuldige Person zum Tode zu verurteilen, in zahlreichen Landesverfassungen deutscher Bundesländer. Dort wurde sie nach und nach durch Änderung der Landesverfassung abgeschafft, denn die Todesstrafe war aufgrund des vorrangigen Bundesrechts ohnehin wirkungslos. Nur in Hessen steht die Todesstrafe noch bis heute in Artikel 21 der Landesverfassung.

Ich kenne meine Pappenheimer

In der Tragödie *Wallensteins Tod* von Friedrich Schiller sagt der Protagonist Wallenstein an einer Stelle "Daran erkenn' ich meine Pappenheimer." Er meinte damit sein Pappenheimer Regiment, das ihm als Oberbefehlshaber der kaiserlichen Truppen im Dreißigjährigen Krieg treu zur Seite stand. Der Ausspruch hatte damit durchaus eine positive Bedeutung, während das Sprichwort heutzutage eher dazu genutzt wird, um ein bisschen abschätzig über andere Personen zu sprechen.

Ich versteh' nur Bahnhof

Ein Spruch, der mit großer Wahrscheinlichkeit aus der Soldatensprache des ersten Weltkriegs stammt. *Bahnhof* war für die Soldaten gleichbedeutend mit Heimaturlaub, weg von der Front, Wiedersehen mit der Familie. Ging es für den einzelnen Soldaten um die Frage, wann er den nächsten Heimaturlaub gestattet bekam, so war dies für ihn das zentrale Thema, es gab kaum etwas wichtigeres, alles andere wurde als nebensächlich ausgeblendet. Der Soldat wollte gar nichts anderes mehr hören, er wollte nur über seinen Heimaturlaub Bescheid wissen. So bildete sich aus diesem Umstand die bis heute genutzte Redewendung *Ich versteh nur Bahnhof*, wenn etwas nicht verstanden wurde, weil man womöglich abgelenkt oder unkonzentriert war.

Eine andere Deutung ist die, dass es auf den Bahnhöfen früherer Zeiten unglaublich laut zuging. Nur sehr schwer konnte man sich untereinander verständigen, vor allem wenn gerade ein Zug dampfend und schnaubend einfuhr, bis er mit laut quietschenden Bremsen endlich anhielt. Verständlich, dass man sich kaum verstehen konnte. Bahnreisen waren damals die wichtigste Fortbewegungsart, um lange Distanzen zu überwinden, und wurden dementsprechend häufig genutzt. Möglicherweise übertrug sich die Erfahrung, auf einem Bahnhof seinen Nebenmann kaum verstehen zu können, in den allgemeinen Sprachgebrauch. Der laute Bahnhof wurde so zu einem Synonym für Unverständlichkeit.

Im Dunkeln ist gut munkeln

Munkeln geht auf das alte deutsche Wort *munken* zurück, was so viel heißt wie *etwas heimlich machen*, oder *etwas versteckt machen*. Alles, was im Mittelalter als verboten galt, und das war recht viel, musste vor den Blicken neugieriger Nachbarn, Freunde, Bekannten und der eigenen Familie versteckt werden. Bis heute hat sich dieser süße Ausspruch erhalten, wenn man Dinge tun möchte, die vor den Blicken anderer verborgen bleiben sollten.

Im Halse stecken bleiben

In früheren Zeiten nutzte man Gottesurteile, um festzustellen, ob ein Verdächtiger tatsächlich schuldig war oder nicht. Eines dieser Verfahren bestand darin, dass man dem Beschuldigten ein Stück trockenes Brot zum Herunterschlucken gab. Blieb dieses *im Hals stecken*, so war die Schuld erwiesen. Konnte er es ohne Probleme hinunterschlucken, so wurde er als unschuldig eingestuft und das Gerichtsverfahren war beendet.

Dieses Ritual liest sich auf den ersten Blick erstaunlich einfach, denn wo sollte das Problem liegen, ein Stückchen Brot hinunterzuschlucken? Hätten das nicht alle Beschuldigten schaffen sollen, so dass alle freigesprochen wurden?

Hierzu muss man bedenken, dass eine Person, die vor Gericht steht und nun eine Prüfung absolvieren muss, die über ihr weiteres Leben entscheiden kann, vermutlich vor Angst und Aufgeregtheit einen trockenen Mund und Hals hatte, so dass selbst ein zu schluckendes Brot zur Qual werden konnte.

Außerdem waren die Brote des Mittelalters nicht mit den unsrigen vergleichbar, sondern wesentlich härter und trockener. Das mittelalterliche Brot war eher mit dem heute von uns als *Knäckebrot* bezeichneten Brot vergleichbar. In der damaligen Zeit hatte man noch nicht genug Wissen, um Backwaren vor Fäulnis und Schimmel zu bewahren. Zudem musste immer ein Vorrat angelegt werden, es gab noch keinen Supermarkt mit Einkaufsmöglichkeiten rund um die Uhr. Hätte man das Brot so locker-fluffig gebacken, wie wir es heute kennen, so wäre es zu schnell verdorben. Aus diesem Grund wurde das Brot steinhart und trocken gebacken, denn knäckebrotartiges Brot verdirbt wesentlich langsamer und ist gut lagerbar. Aus diesem Grund können wir in so mancher Aufzeichnung aus der Zeit des Mittelalters lesen, dass Brote als Teller benutzt wurden.

Um das harte Brot zu essen, war es üblich, dieses zuvor in eine Flüssigkeit zu halten und etwas aufzuweichen, beispielsweise mit Würzwein. Dennoch war das Brotessen eine mühsame Kunst, was zahlreiche archäologische Ausgrabungen damaliger Skelette, deren Zähne besonders starke Abnutzungen der Kauflächen aufweisen, zeigen.

Wie dem auch sei, wir benutzen die Redewendung *Etwas blieb ihm im Halse* stecken bis in die heutige Zeit immer dann, wenn eine Person plötzlich ganz kleinlaut wird und vor Schreck oder Angst nicht mehr sprechen kann. Die letzten Worte bleiben ihr buchstäblich *im Halse stecken*.

Ein weiteres Gottesurteil lag darin, ein im Feuer bis zum Glühen erhitztes Stück Eisen in die Hand zu nehmen und kurz zu halten. Aus dieser Methode entstand die Redewendung *Ein heißes Eisen anfassen*.

Weit weniger dramatisch ging es zu, wenn zwei Beschuldigte vorhanden waren und diese kleine Stäbe aus der Hand des Richters ziehen mussten, um zu erfahren, wer der Böse und wer der Gute war: Derjenige, der *den kürzeren zog*, hatte mit Hilfe der Entscheidung Gottes verloren und musste die Strafe in Empfang nehmen. Ganz nebenbei wurde eine neue Redensart erfunden! Nicht nur vor Gericht, auch im Alltag wandten die Menschen des Mittelalters diese Entscheidungsfindung gerne an.

Man ging davon aus, dass Gott den kürzesten Stab schon dem richtigen Mann oder der richtigen Frau zukommen lassen würde.

Das nächste Gottesurteil: Gab es einen möglichen Täter für einen Mordfall, war man sich aber noch dessen unsicher, so führte man ihn zum aufgebahrten Toten und ließ den Beschuldigten die vermeintlich von ihm zugefügte Wunde berühren. Platze diese auf und blutete erneut, so galt er als der wahre Täter.

Blieb die Wunde zu und es floss kein Blut mehr, so hatte man den falschen verdächtigt. Es entstand die Redewendung *Den Finger in die Wunde legen*. Gemeint ist heute damit, dass man ein unbequemes Thema anspricht.

Da der Beschuldigte vor dem Gottestest zum Toten geführt wurde, sprach man davon, ihn *zu überführen*. Bis in unsere Tage verwenden wir diesen Ausdruck, wenn ein Täter *überführt* wurde, er somit als wahrer Täter ermittelt ist.

Im Stich lassen

Ein Ritter wurde im Kampf von seinem Knappen begleitet. Dieser hielt sich im Hintergrund auf und sorgte dafür, dass immer eine Ersatzwaffe oder sogar ein Ersatzpferd zur Verfügung stand. Nun geschah es leider, dass so manchen Knappen im Eifer des Gefechts der Mut verließ und dieser das Weite suchte. Plötzlich stand der Ritter alleine in der Schlacht, er war den stechenden Gegnern ohne Unterstützung ausgeliefert, er wurde *im Stich gelassen*.

Aus dieser Situation heraus entstand auch die Redewendung *Sich aus dem Staub machen*. Fand eine Schlacht bei trockenem Wetter statt, so wurde durch die vielen Pferde erhebliche Mengen an Staub aufgewirbelt. Eine willkommene Gelegenheit für mutlose Knappen, um wegzulaufen und *sich aus dem Staub zu machen*.

In die Bredouille geraten

Kommt man in die *Bredouille*, so steckt man in Schwierigkeiten. Ihren Ursprung findet die Redewendung in dem französischen Ausdruck *rentrer bredouille*, was so viel heißt wie *nichts erreicht zu haben* oder *mit leeren Händen nach Hause kommen*. Genutzt wurde der ursprüngliche Begriff vor allem in der Sprache der Jäger, wenn diese ohne erlegtes Wild nach Hause kommen mussten.

Schließlich fand der französische Spruch Einzug in den deutschen Sprachgebrauch. Man vermutet, dass dies in Berlin seinen Ursprung hatte: Ab dem Jahr 1685 zogen zahlreiche Hugenotten aus Frankreich nach Deutschland, vor allem nach Berlin. Hugenotten waren protestantische Glaubensflüchtlinge aus Frankreich, die wegen dieser Verfolgung eine neue Heimat suchen mussten. Natürlich kam es dadurch zu einer Vermischung der Sprachen, so dass viele französische Wörter und Redewendungen in den deutschen Alltagswortschatz integriert wurden.

In die Schranken weisen

Bei mittelalterlichen Ritterturnieren gab es die Disziplin des *Tjost*, bei dem zwei Ritter auf Pferden aufeinander zuritten und versuchten, sich gegenseitig mit der Lanze aus dem Sattel zu stechen. Jeder Ritter ritt auf einem genau vorgegebenen und durch Holzzäune eingegrenzten Weg auf den anderen zu. Vor Beginn des Wettkampfes wurde der Ritter in die für ihn vorgesehene Bahn geführt, er wurde *in seine Schranken verwiesen*. Heute nutzen wir den Ausspruch, um einer anderen Person ihre Grenzen aufzuzeigen, sie an das Einhalten der Regeln zu ermahnen.

Aus derselben Turnierdisziplin stammt übrigens die Redewendung *Er wurde aus der Bahn geworfen*: Traf einen der gegnerische Reiter so stark mit der Lanze, dass man seinen Halt verlor und vom Pferd in den Bereich außerhalb der Holzplanken fiel, so wurde man *aus der Bahn geworfen*. Das konnte schlimme Folgen haben, denn in einigen Turnieren galt die Regel, dass der Gewinner in einem solchen Fall die Rüstung und das Pferd vom Besiegten erhielt. Beides hatte einen erheblichen Wert, und bei Verlust dieser Dinge konnte ein Ritter an den Rand des finanziellen Ruins getrieben werden. Noch heute nutzen wir den Spruch daher immer dann, wenn eine Person große Probleme in ihrem bisherigen Leben bekommen hat und diese alleine kaum noch meistern kann.

In die Zange nehmen

Folter war im Mittelalter ein beliebtes Mittel, um Geständnisse aus Verdächtigen herauszupressen. Unter anderem gab es die Methode, Körperteile des vermeintlichen Täters mit einer glühenden Zange anzufassen oder zu zerdrücken. Es braucht nicht viel Fantasie, um sich vorzustellen, welche Schmerzen diese Folter verursacht hatte. Geständnisse dürften dementsprechend nicht lange auf sich haben warten lassen, und bis heute werden wir durch die Redewendung *Jemanden in die Zange* nehmen an diese martialische Verhörmethode erinnert.

Ähnliches gilt für den Spruch *Jemandem die Daumenschraube anlegen*, auch hier ist die Herkunft aus den Folterkellern des Mittelalters unverkennbar.

Wir meinen in der jetzigen Zeit damit, starken Druck auf eine Person auszuüben oder sie zu etwas zu zwingen.

Die Folter war übrigens nicht willkürlich, sondern verlief in genau festgelegten Einzelschritten ab: Wollte der Verdächtige von selbst keine Aussage machen, so wurde ihm zunächst erzählt, mit welchen Folterungen er zu rechnen hätte. In einem nächsten Schritt zeigte man dem Beschuldigten die Folterwerkzeuge, um sie in einem dritten Schritt schließlich anzuwenden, zunächst sachte, und dann immer stärker.

Eine weitere Redewendung aus dieser Herkunftsrichtung ist *Jemanden auf die Folter spannen*. Früher bediente man sich einer langen Bank oder einem Holzgestell (auch bekannt unter dem Begriff

Streckbank), um verdächtige Personen darauf mit Hilfe von Seilen festzubinden. Anschließend konnte mit einer speziellen Vorrichtung an ihnen gezogen werden, so dass sich zunächst die Sehnen der Arme und Beine dehnten. Wollte der Beschuldigte dennoch keine Aussage machen, so wurde weiter gezogen, bis die Gelenke auseinanderrissen. Heutzutage drückt man mit dieser Redewendung aus, dass man eine Person besonders lange warten lässt, bis diese es vor Spannung kaum noch aushalten kann.

Ins Fettnäpfchen treten

Im Mittelalter stellten die Dorfbewohner manchmal eine kleine Schale mit Fett an die Innenseiten der Hauseingangstüren, damit man sich vor dem Verlassen noch schnell die Stiefel einfetten konnte. Das war nötig, damit kein Wasser durch die Lederschuhe drang, denn die Straßen waren bei Regen sehr schlammig.

Zudem wurde in einigen Häusern geräuchert, um Fleisch haltbar zu machen. Auch hier stellte man einen Topf unter das zu räuchernde Fleisch, damit das durch die Hitze entweichende Fett aufgefangen werden konnte.

Wie man sieht, standen in früheren Jahrhunderten immer wieder Fettschalen auf den Boden herum, in die man versehentlich hineintreten konnte. Das war weder für den Treter noch für die Hausfrau ein Spaß, sondern vielmehr eine große Peinlichkeit. Kein Wunder, dass daraus unsere bis heute gebräuchliche Redewendung *Ins Fettnäpfchen treten* entstand.

Peinlich kommt übrigens von dem lateinischen Wort *poena*, was so viel wie *Strafe* oder *Qual* heißt. Ist einem etwas *peinlich*, so so bereitet einem der Auslöser für die Peinlichkeit ein quälendes Gefühl, es kann wie eine Strafe für sich selbst wirken.

Aufgrund der schmutzigen Wege kam es verständlicherweise häufig vor, dass man bei der Ankunft an einem Haus zunächst einmal wirklich schmutzige Schuhe hatte. Um den Dreck loszuwerden, benutzte man unter anderem einen Wanderstock, den viele bei sich führten, um im morastigen Boden nicht versehentlich umzukippen. Die Schuhe waren dann sauber, der Stab schmutzig. So entstand die weitere Redewendung *Jemand hat Dreck am Stecken*, denn der Schmutz war nicht nur ärgerlich, er galt auch als Symbol der Sünde.

Ins Gras beißen

Stirbt jemand, so gibt es die Redewendung, dass die Person *ins Gras gebissen hat*. Den vermutlichen Ursprung hat dieser Spruch im

Mittelalter: War jemand plötzlich vom Tod bedroht, so dass mit dessen Eintritt jede Sekunde gerechnet werden musste, legte man ihm noch schnell ein Stückchen Erde in den Mund. Diese Aktion sollte dem Glauben nach das christliche Abendmahl ersetzen, für das angesichts des nahen Todeszeitpunktes möglicherweise keine Zeit mehr blieb.

Hatte ein Sterbender etwas mehr Zeit, so gab es verschiedene Rituale, um sich auf den Tod vorzubereiten. Unter anderem lag eine seiner Aufgaben darin, vom *Zeitlichen* Abschied zu nehmen, und sich für die Ewigkeit startklar zu machen. Dies geschah, indem er eine ganz bestimmte Segensformel sprach, *er segnete das Zeitliche*. Bis heute sagen wir *Er hat das Zeitliche gesegnet*, wenn jemand gestorben ist.

In See stechen

Um ein Segelschiff von der Hafenkante abzustoßen, benutzten die Matrosen früher lange Holzstangen, die sie entweder gegen die Kaimauern oder direkt in das Wasser bis auf den Grund stießen. Damit kam das Schiff vom Ufer los und die Fahrt konnte beginnen. Durch diese Tätigkeit bürgerte sich bereits ab dem 16. Jahrhundert unter den Matrosen der bildliche Begriff *In See stechen* ein.

Kommt ein Schiff in den Hafen zurück, so wird seine *Ladung gelöscht*. Warum benennt man diesen Vorgang so, obwohl nichts auf dem Schiff brennt? Seinen Ursprung hat die Bezeichnung, wie so vieles, in unserer Vergangenheit. Damals musste der Kapitän eines Schiffes dem Hafenmeister per Unterschrift versichern, dass er für die gesamte Ladung haftet, bis sie vollständig entladen war. Ging während des Ausladens etwas zu Bruch oder wurde ein Teil der Ladung gestohlen, so lag die Schuld beim Kapitän, der Hafenmeister war ohne Verantwortung.

Nachdem die Ladung aus dem Schiff geholt und nichts passiert war, entließ man den Kapitän schließlich wieder aus der Haftung. Hierzu wurde seine zuvor abgeleistete Unterschrift geschwärzt, also *gelöscht*. Im Laufe der Zeit zog man die beiden Vorgänge des Entladens und der Entfernung der Unterschrift zusammen, so dass daraus unsere bis heute gängige Bezeichnung *Die Ladung des Schiffs wurde gelöscht* entstand.

Ins Hintertreffen geraten

Das *Hintertreffen* war früher die hinterste Abteilung eines Heeres, welche meist nur als Reserve herhalten musste. Soldaten, die im

Hintertreffen dienten, waren nicht sehr angesehen, mussten sich nur selten am Kampf beteiligen, und waren daher von der Verteilung der Kriegsbeute ausgeschlossen. Heutzutage sagen wir, dass eine Person dann *ins Hintertreffen geraten ist*, wenn sie im Vergleich zu anderen benachteiligt wird.

Jemanden abblitzen lassen

Früher benutzte Feuersteingewehre hatten das Problem, dass sie ihren eigenen Willen besaßen und gerne mal nicht schießen wollten. Zwar verbrannte das Pulver in der *Pfanne*, es löste sich jedoch kein Schuss. Der Schütze erzeugte einen hellen Blitz, blieb hinsichtlich seines Schusses aber erfolglos. Das Gewehr hatte ihm seinen Wunsch nicht erfüllen können. So entstand unsere bis heute gerne genutzte Redewendung *Jemanden abblitzen lassen*, wenn wir eine Person abweisen, bevorzugt bei der Annäherung im Bereich Partnersuche.

Da der Platz für die Pulververbrennung *Pfanne* genannt wurde, eine kleine Vertiefung für das Zündpulver, geht auch die Redewendung *Etwas auf der Pfanne haben* auf dieses Teilstück des Gewehrs zurück. Hatte der Schütze etwas Schießpulver auf der Pfanne, war er zum Schießen bereit. Heutzutage hat eine Person *etwas auf der Pfanne*, wenn sie talentiert ist oder über besondere Geschicklichkeit oder Sachkunde verfügt.

Der Spruch *Jemanden in die Pfanne hauen* geht aber tatsächlich auf die Bratpfanne zurück. Er wird dann herangezogen, wenn eine andere Person geschädigt oder an der Nase herumgeführt werden soll.

Jemanden abspeisen

Speisen wir jemanden *ab*, so schicken wir diese Person mit weit weniger weg, als sie sich erhofft hatte. Aber woher kommt dieser Ausdruck? Stellt man sich das Geschehen einmal bildlich vor, so können wir uns einen armen Kauz ausmalen, der mit einer kärglichen Mahlzeit am Tisch sitzt und bereits während des Essens von der Tischherrin dazu aufgefordert wird, doch möglichst bald wieder zu gehen. Eine nicht besonders einladende Szenerie.

Und, man mag es kaum glauben, so war es im Mittelalter tatsächlich! Wurde eine Frau von einem Mann verehrt, wollte diese ihn jedoch nicht haben, so gab es bestimmte traditionelle Gebräuche, um dem Verehrer klar zu machen, dass er bei der Dame keinen Erfolg haben werde.

So war es je nach Region beispielsweise üblich, bestimmte Mahlzeiten bei einer Ablehnung vorzusetzen (z.B. Käse), und wiederum ganz andere bei einer Zusage (z.B. Wurst und Schinken).

Durch die Ablehnung per Käse entstand ganz nebenbei noch die Redewendung *Das ist doch alles Käse*, oder *So ein Käse!* wenn man von etwas sehr enttäuscht wurde oder etwas für unsinnig hält und nicht nachvollziehen kann.

Jemanden am Schlafittchen packen

Als *Schlagfittich* wurde früher der Flügel einer Gans bezeichnet. An diesem wurde sie vorzugsweise gepackt und festgehalten, wollte man sie denn unbedingt fangen. Irgendwann kam eine lustige Person auf die Idee, den Schlagfittich mit dem menschlichen Kleidungsstück Rock gleichzusetzen. Von da an packte man eine Person, die man am Schlagfittich genommen hatte, zunächst am Rock, und später entwickelte sich das ganze weiter zu einem Festhalten am Kragen und zur Bezeichnung *Schlafittchen*. Heutzutage nutzen wir die Redewendung immer dann, wenn wir eine Person mit eindringlichen Worten zurechtweisen möchten.

Ein ähnliches Anpacken an der Kleidung entnehmen wir der Redewendung *Jemandem beim Wickel kriegen*. Der Wickel war früher ein Band, das um den Zopf eines Mannes gewickelt wurde. Vermutlich war es bereits damals gut geeignet, um die Person festzuhalten.

Jemanden an der Nase herumführen

Ochsen, die früher von Bauern zur Feldarbeit eingesetzt wurden, zog man einen Ring durch die Nase, an den man ein Seil band. Nun konnten die Landwirte den Ochsen nach Wunsch dirigieren, denn ein Ziehen am Ring verursachte starke Schmerzen in der Nase des Ochsen. Der Bauer konnte mit ihm machen, was er wollte, er konnte ihn *an der Nase herumführen*. Natürlich gab es den Nasenring nicht nur bei Ochsen, sondern wurde auch zur Bändigung anderer Tiere genutzt. Beispielsweise wurden Tanzbären auf mittelalterlichen Jahrmärkten damit dem Publikum vorgeführt, oder bis in unsere Zeit Stiere in den Arenen

Jemanden auf dem Kieker haben

Hat man eine Person *auf dem Kieker*, so traut man ihr nicht, man beobachtet und beäugt sie, und wartet darauf, dass sie etwas unrechtmäßiges oder unerwünschtes tut. Die Redewendung findet ihren Ursprung in einem Fernglas, das in der Seemannssprache *Kieker* genannt wird. Im Mittel- und Niederdeutschen wird das Wort *kieken* bis heute als Synonym für *schauen* benutzt.

Jemandem auf die Schliche kommen

Jäger müssen wissen, wo das zu jagende Wild herumspaziert. Ein möglicher Weg, um das herauszufinden, ist es, die von den Tieren im Waldboden hinterlassenen Spuren zu deuten. Im Idealfall konnte der Jäger anhand der Spuren gleichzeitig herausfinden, um welches Tier es sich handelte, das da die Spuren hinterließ. Dort, wo das Tier schließlich hingeschlichen war, musste es zu finden sein. Fand der Jäger das gesuchte Wild, *so kam er diesem auf die Schliche*, er fand es anhand der Schleichspuren. Aus jenem Jägerverhalten erwuchs die Redewendung *Jemandem auf die Schliche kommen*, was in unserer heutigen Zeit so viel bedeutet, wie dass man die rechtswidrigen Absichten einer Person herausgefunden hat.

Jemanden ausstechen

Sticht man jemanden *aus*, so setzt man ihn mit Argumenten schachmatt, er kann kaum noch etwas entgegnen. Vor allem dann, wenn ein Mann eine Frau erobert und dadurch einen Mitbewerber *aussticht*, benutzen wir diesen Ausdruck. Seinen Ursprung hat das Wort im ritterlichen Zweikampf, als es galt, den gegnerischen Ritter mithilfe des Schwertes *aus dem Sattel zu stechen*.

Jemandem das Handwerk legen

Legt man einer Person *das Handwerk*, so meint man damit, dass man ihr rechtswidriges oder schädigendes Verhalten gegen ihren Willen beendet. Der Ausdruck geht auf eine alte Bedeutung von *legen* zurück, die *etwas niederlegen* oder *etwas stilllegen* beinhaltete.

Jemandem den Garaus machen

Macht eine Person der anderen den *Garaus*, so bedeutet das, dass sie sie getötet hat. Die Bezeichnung entstammt den Nachtwächtern des Mittelalters, denn diese riefen in einigen Städten Süddeutschlands mit den Worten *Gar aus!* die Polizeistunde aus, also die Zeit, ab der in den Schankwirtschaften kein weiterer Alkohol mehr ausgegeben werden durfte. Mit *Gar aus!* meinten sie eigentlich *Ganz aus!* Für die betroffenen Trinker muss es ein schrecklicher Ruf gewesen sein, denn ab diesem Zeitpunkt war es mit der Trinkerei vorbei, und den Supermarkt um die Ecke mit schnell verfügbarem Alkohol gab es zu diesen Zeiten noch nicht. Vermutlich ist das der Grund, warum diese Worte schließlich vom Ende des Alkohols im Volksmund zum gewaltsamen Ende eines Lebens verwandelt wurden.

Jemandem den Laufpass geben

Geben wir einer Person den *Laufpass*, so schicken wir sie weg. Ursprünglich war der *Laufpass* bzw. der *Laufzettel* eine schriftliche Entlassung aus dem Dienstverhältnis, vor allem im militärischen Bereich.

Jemandem die Stange halten

Hält man einer Person die Stange, so bleibt man ihr treu, steht zu ihr, ergreift für sie Partei oder nimmt sie in Schutz. Es handelt sich also nicht um einen Fachbegriff der Intimindustrie.

Die Redewendung hat ihren Ursprung im Mittelalter, als zahlreiche Streitereien durch gerichtlich angeordnete Zweikämpfe entschieden wurden. Das Ziel lag darin, ein Gottesurteil herbeizuführen. Letztendlich gewann natürlich derjenige, der stärker oder geschickter war, nicht unbedingt der, der das Recht auf seiner Seite wusste. Jede der beiden gegnerischen Parteien hatte hierbei einen Gehilfen (Sekundanten), der im Hintergrund stand und *eine lange Holzstange in der Hand hielt*.

Da ein solcher Zweikampf nach ganz bestimmten Regeln durchgeführt wurde, mussten diese irgendwie eingehalten werden. Dafür sorgte genau dieser Helfer: Kam es zu einem Regelverstoß, so griff er in das Geschehen ein. Lag beispielsweise einer der Kontrahenten auf dem Boden, so wurde mit Hilfe der Stange der andere davon abgehalten, die Situation auszunutzen und den Kampf regelwidrig für sich zu entscheiden.

Bei derartigen Zweikämpfen entstand so ganz nebenbei eine weitere, bis heute gebräuchliche Redewendung: *Etwas in den Wind schlagen*. Erschien eine der beiden Parteien nicht, so mutmaßte man, dass diese wohl von ihrer Schuld überzeugt sei und daher erst gar nicht kam.

Damit der anwesende Kämpfer den Kampf gewinnen konnte, musste dieser nun nach einer im Sachsenspiegel (dem ersten deutschen Rechtsbuch aus dem 13. Jahrhundert) festgehaltenen Vorschrift dreimalig in die Luft schlagen, also so tun, als ob er einen unsichtbaren Gegner bekämpft. Erst danach wurde ihm der Sieg aus dem Rechtsstreit zugesprochen.

Wir nutzen den Ausdruck inzwischen dazu, um kenntlich zu machen, dass wir einem Ratschlag nur geringen Wert beimessen. Meist machen wir dabei noch eine abschätzige Handbewegung, die ebenfalls auf den mittelalterlichen Zweikampf gegen die Luft zurückzuführen ist.

Jemanden durch den Kakao ziehen

Ursprünglich lautete dieser Spruch anders, denn statt durch *Kakao* zog man die zu veralbernde Person durch eine menschliche Ausscheidung. Da nicht jeder so derbe Begriffe in den Mund nehmen möchte, wurde die Redewendung im Laufe der Zeit ein bisschen entschärft. Ähnliches geschah bekanntermaßen mit dem Ausspruch *Scheibenkleister*.

Dass überhaupt die Redewendung *Jemanden durch den Kakao ziehen* entstehen konnte, hängt mit den Schrecknissen des 30-jährigen Krieges 1618 bis 1648 zusammen. Damals zogen schwedische Soldaten durch Deutschland, welche für ihre grausamen Spielchen berühmt und gefürchtet waren. Geriet man in ihre Gefangenschaft, so ergötzten sie sich mit allerlei Albernheiten an den armen Opfern.

Unter anderem hatten sie ihren Spaß daran, ihren Gefangenen die braune Soße menschlicher Ausscheidungen per Trichter einzuflößen. Einen Spitznamen hatte das Getränk schnell, es war der *Schwedentrunk*. Außerdem fesselten sie die Gefangenen, banden sie an ein Pferd, und ließen sie durch ihre Ausscheidungen ziehen, sprich, sie *zogen sie durch den Kakao*.

Jemandem eine Harke zeigen

Mit *Harke* ist hier der *Rechen* gemeint, mit dem man im Garten das Laub zusammenrecht. Der Spruch geht auf eine sehr alte Erzählung zurück, in der der Sohn eines Bauern seine Heimat verließ und erst nach langer Zeit zurückkam. Er war so lange weg, dass er vieles in seiner Heimat nicht wiedererkannte. Zumindest angeblich. Vielleicht war es auch nur eine frühe Form von intelligenter Arbeitsumgehung durch Vortäuschung von Nichtwissen. Dementsprechend wusste der Bauernsohn selbst mit einer Harke nichts mehr anzufangen, obwohl er diese vor seiner Abreise oft in Gebrauch hatte. Erst als er auf die Zinken einer Harke trat und ihm der Stiel gegen den Kopf schlug, erinnerte er sich wieder an das Werkzeug. Heutzutage meinen wir mit der Redewendung, dass wir einer anderen Person unseren persönlichen Standpunkt klarmachen, oder sie von unserem eigenen Können überzeugen.

Jemandem ein Schnippchen schlagen

Das Schnalzen mit Daumen und Mittelfinger wurde früher als *Schnippchen* bezeichnet. Bereits im 17. Jahrhundert war die Geste bekannt, mittels eines *Schnippchens* einer anderen Person die geringe Wertschätzung oder sogar Missachtung deutlich zu machen. Schließlich entwickelte sich daraus im Laufe der Zeit die Redewendung *Jemandem ein Schnippchen schlagen*, wenn man einer anderen Person eines ausgewischt hatte oder sich auf gewitzte Weise ihrer Verfolgung entledigte.

Jemandem etwas in die Schuhe schieben

In früheren Zeiten hatten Handwerksgesellen die Aufgabe, durch das Land zu wandern und bei verschiedenen Betrieben in die Lehre zu gehen (die sog. *Walz*, kommt von *walzen*, einem alten Wort für *herumschlendern*). Hierfür gab es Herbergen, in denen die jungen Leute übernachten konnten. Da die meisten von ihnen verständlicherweise eher arm waren, stellten die wenigen Wertgegenstände der anderen begehrtes Diebesgut dar. Bemerkte die bestohlene Person den Diebstahl, so konnte es noch in der selben Nacht zu einer Untersuchung des gesamten Schlafsaals kommen. Der Dieb musste schnell das gestohlene Gut verschwinden lassen, wofür sich gerne mal die Schuhe des Bettnachbarn anboten. Fand man den vermissten Wertgegenstand bei diesem Mann, so stand er im Verdacht der Untat. Der eigentliche Dieb hatte ihm das Diebesgut *in die Schuhe geschoben* und ihn damit zum Hauptverdächtigen der Tat gemacht, obwohl er eigentlich unschuldig war. Bis heute nutzen wir die Redewendung, wenn wir einer anderen Person die Schuld für etwas zuschreiben, was wir selbst verbrochen haben.

Jemanden hänseln

Um in die Kaufmannsgilde der *Hanse* aufgenommen zu werden, mussten Bewerber teils heftige Aufnahmerituale über sich ergehen lassen. Für die bereits bestehenden Mitglieder mag das recht spaßig gewesen sein, für die Probanden war es oftmals bloße Tortur. So wurden Bewerber an einem Seil unter einem Schiffsrumpf durchgezogen, in eiskaltes Wasser oder einen Sumpf geworfen, und mussten unbekannte übelriechende Mixturen trinken. Aus diesen Aufnahmeritualen der Hanse entstand der Ausdruck *hänseln*, was bis heute für *jemanden ärgern* steht.

Jemanden in flagranti erwischen

Erwischt man eine Person *in flagranti*, so ertappt man sie auf frischer Tat. Dieser Ausdruck geht weit in die Zeit zurück, und leitet sich von dem lateinischen Wort *flagrans* ab, was so viel wie *brennend* heißt. Dementsprechend meinte man mit *in flagranti* früher, dass ein Brandstifter noch während seiner Tat erwischt wurde. Erst später erweiterte sich der Gebrauch des Wortes auf andere Taten, vor allem auf den Ehebruch.

Jemandem Paroli bieten

Früher gab es ein in Deutschland sehr beliebtes Kartenspiel mit dem Namen *Pharao*, welches aus Italien über Frankreich zu uns kam. Hatte ein Spieler die Runde gewonnen, so konnte er seinen ursprünglichen Einsatz und den Gewinn stehen lassen, und dann mit diesem erhöhten Einsatz in der nächsten Runde weiterspielen. Dieser Spielzug hieß *Paroli bieten*. Um den Zug deutlich zu machen, bog der Spieler die Ecken der Karten, die er als nächstes spielen wollte, leicht nach oben, so dass manchmal auch von *Paroli biegen* gesprochen wurde.

Bis heute hat sich der Ausdruck *Paroli bieten* in unserer Sprache erhalten, auch wenn das zugrundeliegende Kartenspiel längst in Vergessenheit geraten ist. Man meint damit, dass einer anderen Person oder einer Sache ein Widerstand entgegengesetzt wird, dass man entgegentritt, und es nicht einfach so hinnimmt.

Jemanden zur Minna machen

Macht man eine Person *zur Minna*, so bedeutet das meist, dass man sie wirklich heftig schimpft. Seinen Ursprung hat die Redewendung im deutschen Kaiserreich, als sehr viele Mädchen den Namen Wilhelmine oder dessen Kurzform *Minna* erhielten. Da es so viele *Minnas* gab, die zugleich auch als Dienstmädchen für die besseren Gesellschaften arbeiteten, machten es sich die Dienstherren einfach und riefen kurzerhand alle Dienstmagden mit dem Namen *Minna*. Der Rufname *Minna* stand damit nach einer Weile gleichbedeutend für Dienstmagd. Natürlich gab es häufig strengen Tadel und Zurechtweisungen, wenn die Magd einen Fehler gemacht hatte. Daraus hat sich bis heute die Redewendung *Jemanden zur Minna machen* erhalten.

Jemanden zur Sau machen

Im Mittelalter wurden geringere Vergehen unter anderem dadurch bestraft, dass der Verurteilte eine Schweinemaske aus Eisen oder Holz aufgesetzt bekam und am Dorfpranger angebunden wurde. Anschließend hatten die übrigen Dorfbewohner die Möglichkeit, den Täter mit fauligem Obst zu bewerfen und ihn zu beschimpfen.

Durch diesen mittelalterlichen Freizeitspaß entstand die bis heute gebräuchliche Redewendung *Jemanden zur Sau machen*, wenn man ihn ganz heftig beschimpft und dadurch erniedrigt.

Keinen Deut besser

Ein *Deut* stellte eine kleine Münze aus den Niederlanden des 14. bis 17. Jahrhunderts dar, die einen nur ganz geringen Wert aufwies. Aus diesem Grund fand der *Deut* seinen Weg in zahlreiche Sprichwörter, wenn es darum ging, lediglich ganz geringen Zuwachs oder kaum vorhandenen Unterschied auszudrücken. Bis heute hat sich das erhalten, wenn wir sagen, *er ist keinen Deut besser*.

Keinen Pfifferling wert

Der Pfifferling kam im Mittelalter als Pilz in so großen Mengen vor, dass er quasi überall verfügbar war und kaum einen Wert darstellte. Aus diesem Grund entwickelte sich der Pfifferling damals zu einem Sinnbild von Wertlosigkeit und zog in viele Redewendungen ein.

Kein Sterbenswörtchen sagen

Sterbende sagen meist eher wenig, und wenn doch, dann nur noch ganz schwach und leise. Hierauf spielt die Redewendung *Ich sage kein Sterbenswörtchen* ab. Gemeint ist dass man überhaupt nichts sagt und nichts von einem Geheimnis verrät.

Klappern gehört zum Handwerk

Die Redewendung geht, wie die Wortwahl bereits vermuten lässt, auf das Handwerk zurück. Dort wird gearbeitet, es entsteht Lärm. Vor allem in Mühlen klapperte es früher, aber auch in allen anderen Handwerksbetrieben, wo Maschinen oder sonstige bewegliche Teile zur Produktion eingesetzt wurden. Ohne Geräusche geht es nicht, je lauter desto besser, ein stiller Betrieb ist ein toter Betrieb.

Aus diesen Eindrücken eines Handwerksbetriebs hat sich bis in unsere Tage die Redewendung *Klappern gehört zum Handwerk* erhalten, und wir meinen damit, dass man auf sich aufmerksam machen muss, will man beachtet werden.

Klopf auf Holz!

Im Mittelalter wohnten viele Menschen in einfachen Häusern aus Holz, das vor allem in der ruhigen Nacht knackende Geräusche von sich gab. Noch war das Wissen nicht da, dass es sich dabei um das Holz selbst handelte, welches sich bei Wärme ausdehnt und bei Kälte zusammenzieht. Nein, viel naheliegender erschien es unseren kreativen Vorfahren, für alles und jeden einen Geist, ein Monster oder einen Dämon verantwortlich zu machen. So musste es denn auch ein Holzdämon sein, der in den Wänden herumspukte.

Schnell dachte man sich ein passendes Gegenmittel aus: Man klopfte einfach auf das Holz. Damit schloss man einen Pakt mit dem Dämon, der im Holz wohnt, und stimmte ihn versöhnlich. Verständlich, denn jeder Dämon verwandelt sich natürlich in einen Engel der Liebe, wenn man ihm ständig auf den Schädel pocht. Es muss im Mittelalter von genervten Dämonen nur so gewimmelt haben.

Egal. Problem erkannt, Gefahr gebannt. Das Holzklopfen brachte Glück, denn immerhin machte es den Dämon zu einem wohlgesonnenen Zeitgenossen. Bis heute hat sich der Glaube gehalten, dass Klopfen auf Holz Glück bringt.

Kohldampf haben

Man habe ich einen Kohldampf – Diesen Ausdruck hört man manchmal, wenn eine Person wirklich großen Hunger hat. Das Wort ist keine Schöpfung unserer aktuellen Zeit, wie man zunächst annehmen möchte, sondern besitzt bereits eine jahrhundertelange Geschichte. Zudem hat es rein gar nichts mit dem Kohl als Gemüse zu tun, auch wenn es auf den ersten Blick so aussieht.

Stattdessen stammt die Bezeichnung aus dem Rotwelsch, der Gaunersprache des Mittelalters, welche eine Mischung aus den verschiedensten Einflussbereichen darstellte, unter anderem aus dem Niederländischen, dem Französischen, dem Hebräischen und der Sprache der Sinti und Roma: *Kohl* stammt dabei von dem Wort *kalo* ab, was in der Sprache der Roma für *Schwarz* stand, und damals eine Person bezeichnete, die nichts mehr zum Essen besaß. Ein *Schwarzer* war ein erbärmlich hungernder Mensch. *Dampf* war der damalige Ausdruck einer Gemütslage, beispielsweise wenn jemand vor Angst *dampfte*. Aus beiden Wörtern bildete sich im Laufe der Zeit schließlich der *Kohldampf*, und bezeichnete einen Menschen, dem es vor Hunger sehr schlecht ging.

Kuddelmuddel

Das kunterbunte Durcheinander, welches wir als *Kuddelmuddel* bezeichnen, hat seinen Ursprung im altdeutschen Wort *Modder*. Das waren früher die Sachen, die im feuchten dunklen Keller unaufgeräumt herumlagen und unbeachtet so vor sich hin moderten. Aus lautmalerischen Gründen erfand der Volksmund vermutlich noch das *Kuddel* hinzu, so dass man ab dem Moment seinen Kindern vorwerfen konnte, dass sie ein viel zu großes *Kuddelmuddel* veranstalten würden. Wie jeder weiß, räumt bei einem solchen Vorwurf sofort jedes Kind brav sein Zimmer auf.

Ein ähnlich gelagertes Wort ist das *Tohuwabohu*, welches jedoch ein erheblich größeres Chaos vermittelt als das kindliche Kuddelmuddel. *Tohuwabohu* entstammt der hebräischen Sprache und bezeichnet die *wüste Leere*, die vor der Schöpfung der Welt durch Gott herrschte. Kinder, die das Kuddelmuddel zur Perfektion bringen, schaffen zur Freude ihrer Eltern ein Tohuwabohu im ganzen Haus.

Der Begriff *Chaos* entstammte dem griechischen und heißt so viel wie *gähnender Abgrund*. Es ist das, was eine größere Anzahl von Kinder zusammen erreichen können, vorzugsweise auf einer Geburtstagsfeier, wenn sie sich mit dem Kuddelmuddeln besonders große Mühe geben.

Lass uns abhauen!

Früher hatte *hauen* auch noch die Bedeutung *sich beeilen*. Diese entstammte dem Hauen der Sporen in das Pferd beim Reiten. Denn wollte man das Pferd ruckartig zu einer sehr hohen Geschwindigkeit motivieren, so stellte dies eine effektive Möglichkeit dar: Eine Person, die es eilig hatte und daher schnell von A nach B gelangen musste, *haute* die Sporen in das Pferd. Aus jenem *hauen* und dem damit verbundenen schnellen Verlassen eines Ortes entstand der bis heute genutzte Ausdruck *abhauen* für sehr schnelles Wegrennen oder Flüchten.

Leben wie im Schlaraffenland

Im Mittelalter stand die Bezeichnung *Slur* für *fauler Mensch*. Aus diesem Begriff entstand in Verbindung mit dem *Affen* der *Slur-Affe*: Das war der verachtenswerte Faule, der nichts redliches tat, sondern sich nur dem Nichtstun verschrieb. Daraus entwickelte sich schließlich das Land, in dem die Herumlungerer leben, oder in das man diese am liebsten hinschicken würde, das *Schlaraffenlandt*.

Heute hat der Ausdruck *Schlaraffenland* zum Glück eine etwas positivere Besetzung, es ist ein Land, in dem wir nichts tun müssen, keine Arbeit, keine Verpflichtungen, in dem der Überfluss reagiert und wir es uns einfach nur gut gehen lassen können.

Leichter geht ein Kamel durch ein Nadelöhr

Nutzen wir den Spruch *Leichter geht ein Kamel durch ein Nadelöhr, als dass...*, so meinen wir damit, dass etwas vollkommen unmöglich ist.

Viele denken bei dieser Redewendung zunächst an das arme Kamel, das sich mühsam durch die enge kleine Tür neben den großen Toren der Stadtmauer von Jerusalem zwingen muss.

Vermutlich handelt es sich bei diesem Sprichwort aber um einen Übersetzungs- oder Lesefehler, so dass nicht das Kamel gemeint ist, sondern ein Schiffstau, das durch das Loch einer Nähnadel geführt werden soll. Denn im ursprünglichen griechischen Text stand *kamelos* für Kamel, das ganz ähnliche Wort *kamilos* bedeutete aber *Ankertau* oder *Schiffstau*.

Leviten lesen

Lesen wir jemandem *die Leviten*, so meinen wir heutzutage damit, dass wir ihn tadeln, zurechtweisen oder beschimpfen wollen. Kurz gesagt, die Person hat sich schlecht verhalten und muss nun dafür gerügt werden.

Seinen Ursprung findet die Redewendung bei einem Bischof im 8. Jahrhundert. Dieser hatte das Ziel, die ihm unterstellten Geistlichen zu einem besseren Leben zu erziehen. Als Basis für seine selbst ausgedachte Lehraufgabe zog er das dritte Buch Mose im Alten Testament heran, das den Titel *Leviticus* trägt. Denn dieses Buch Mose enthält Handlungsanweisungen für Priester, welche damals *Leviten* genannt wurden. Die Vorgehensweise des Bischofs bestand schlicht darin, von der Kanzel aus regelmäßige Predigten zu halten, die aus diesem Buch Mose entnommen waren. Er machte das stimm- und wortgewaltig und versuchte durch diese Einschüchterung, und das Inaussichtstellen von Strafe, die Geistlichen in das von ihm gewünschte Ziel des immer besseren Verhaltens zu lenken.

Mach doch kein Geplänkel

Ein *Herumgeplänkel* ist kein offener Streit, aber so richtig Frieden herrscht auch nicht. Genau in diesem Zwischending findet das *Geplänkel* seinen historischen Ursprung, denn in der Antike gab es eine spezielle Gruppe von Soldaten, die als *Plänkler* bezeichnet wurden und die Aufgabe hatten, den Gegner zu zermürben und aus der Ruhe zu bringen. Leicht bewaffnete Fußsoldaten konnten schnellen Schrittes an die feindliche Linie herantreten und diesen mit Speer- und Steinwürfen traktieren. Das Ziel lag darin, den Feind zu reizen und dadurch dessen Schlachtordnung aus der Ruhe zu bringen. War das geschehen, so konnten sich die Plänkler dank ihrer leichten Rüstung schnell wieder zurückziehen und den eigentlichen Soldaten den Angriff auf den nun aus dem Konzept gebrachten Gegner überlassen. Auf den Schlachtfeldern späterer Jahrhunderte wurde die Taktik des *Geplänkels* beibehalten, denn den Gegner durch dauernden leichten Beschuss aus seiner Ruhe zu bringen, war selbstverständlich nicht nur in Kämpfen der Antike ein erwünschtes Ziel.

Mal nicht den Teufel an die Wand!

Im Mittelalter ging man davon aus, dass Portraits und Statuen Macht über die abgebildete Person besaßen, diese tatsächlich erscheinen zu lassen. Hätte man nun einen Teufel an die Wand gemalt, so bestand der Glaube, dass dieser wahrhaft hätte erscheinen können. Um die Konfrontation mit dem Teufel oder anderen bösen Geistern zu vermeiden, malte man solche Bildnisse besser nicht an die Wand.

Dieser Aberglaube ging sogar so weit, dass es alleine schon die Nennung des Namens des Teufels mit sich bringen würde, dass dieser einem erscheint. Man redete aus diesem Grund nicht namentlich vom Teufel oder Satan, und man malte ihn erst recht nicht.

Die Angst vor dem Teufel war in früheren Jahrhunderten überaus groß! Permanent musste man befürchten, in seine Fänge zu geraten. Die Vorstellung ging dahin, dass der Teufel in seinem unterirdischen Höllenreich auch eine Küche habe, in der man gekocht oder gebraten würde. Es galt also, nicht *in Teufels Küche zu kommen*. Ein bis heute gern genutzter Ausspruch, wenn man nicht in Schwierigkeiten geraten möchte.

Säße ein Mensch aber erst einmal im Backofen des Teufels, so würde er dort ein Braten des Satans sein, ein *Satansbraten*. Heutzutage nutzen wir den Ausdruck *Satansbraten*, um einen wirklich bösen Menschen zu charakterisieren.

Satan ist das hebräische Wort für *Widersacher*. Damit wird Satan als Gegenspieler Gottes klassifiziert. Der bei uns etwas gebräuchlichere Begriff *Teufel* stammt von dem griechischen Wort *diabolos* ab und bedeutet *Verwirrer* oder *Verleumder*.

Übrigens stammt auch die Redewendung *Weiß der Geier* aus dem Reich des Teufels: Geier wurden im Mittelalter mit dem Teufel gleichgesetzt, da sie tote Tiere fraßen. Sagte man nun *Weiß der Geier*, wenn man für etwas überhaupt keine Antwort hatte, so meinte man damit eigentlich, dass dies nur der Teufel wissen könne.

Mein lieber Scholli!

Ihren Ursprung nahm der Spruch *Mein lieber Scholli!* in denjenigen Gebieten Deutschlands, die nahe der französischen Grenze liegen. Da das französische *jolie* auf deutsch so viel heißt wie *hübsch*, machten die Deutschen daraus vermutlich jenen eingedeutschten Ausdruck. Gemeint ist damit *Mein Hübscher!* in ironischer Form, und soll eine Verwunderung oder Ermahnung darstellen.

Mein Name ist Hase, ich weiß von nichts

Benutzt jemand diese Redewendung, so möchte er damit ausdrücken, dass er von etwas ganz bestimmtem keine Ahnung oder Wissen besitzt. So seltsam dieser Satz klingt, er hat tatsächlich historische Wurzeln: Im Jahr 1854 tötete ein Heidelberger Student seinen Gegner im Duell. Da auch damals das Töten von anderen Menschen nicht erlaubt war, musste der Student anschließend fliehen. In Frankreich wurde er letztendlich gestellt und am Körper durchsucht. Er trug einen Studentenausweis bei sich, auf dem der Name *Victor von Hase* eingetragen war. Unsicher blieb allerdings, ob dieser Ausweis wirklich zum Flüchtigen gehörte, oder ob er den Ausweis einer anderen Person bei sich trug. Das Problem an der Sache war, dass die Ausweise damals noch kein Foto beinhalteten. Als der Student schließlich vor Gericht gestellt wurde, begann er seine Rede mit dem Satz "*Mein Name ist Hase, ich weiß von nichts!*". Dieser Satz beeindruckte und belustigte die Studentenschaft gleichermaßen, und der gegen einen von ihresgleichen geführte Prozess sprach sich schnell herum. Übrig blieb davon die bis in unsere Tage genutzte Redewendung.

Mit allen Schikanen

Das deutsche Wort *Schikane* entwickelte sich bereits im 17. Jahrhundert aus dem französischen Begriff *chicane* und heißt so viel wie

Spitzfindigkeit oder *Kniff*. Kaufen wir heutzutage einen Fernseher *mit allen Schikanen*, so ist damit gemeint, dass er eine sehr umfangreiche Ausstattung besitzt.

Mit dem ist nicht gut Kirschen essen

Der eigentliche Wortlaut dieser Redewendung ist *Mit hohen Herren ist nicht gut Kirschen essen, sie spucken einem die Kerne ins Gesicht*. Aßen Adelige Kirschen, so zögerten sie nicht, die Kerne auf vorbeilaufende Personen niedrigeren Standes zu spucken. Selbstverständlich gefiel denen das nicht, und sie entwickelten nur noch mehr Abneigung gegen die höhergestellten Persönlichkeiten.

Mit Fug und Recht

Die Redewendung *Mit Fug und Recht* kann als *Mit Recht und Recht* in unser heutiges Deutsch übersetzt werden. Das alte Wort *Fug* stand damals für den Begriff *Recht*. *Unfug* steht somit übrigens für *Unrecht*. Mit beiden Wörtern wird in der Redewendung das gleiche gemeint, was letztendlich eine sprachliche Verstärkung darstellt. Macht man etwas *mit Fug und Recht*, so hat dies seine uneingeschränkte Berechtigung.

Mit gleicher Münze heimzahlen

Deutschland bestand früher aus unzähligen Fürstentümern, die alle ihr eigenes Münzwesen besaßen. Besonders für Händler, die zwischen den Ländern umherreisten, konnte das ein Problem darstellen, denn sie mussten für jedes Währungsgebiet die passenden Münzen zum Wechseln dabei haben. Hatten sie das Glück, die korrekten Münzen des jeweiligen Fürstentums vorrätig zu haben, so konnten sie in der gleichen Währung herausgeben, sie konnten *mit gleicher Münze* zurückzahlen.

Später vermischte der Volksmund dieses Händlerglück mit dem biblischen Spruch *Auge um Auge, Zahn um Zahn*, so dass aus dem eigentlich positiven Umstand des zur Verfügung stehenden Wechselgeldes leider ein negativ besetztes Sprichwort entstand.

Zahlen wir heutzutage einer Person etwas *mit gleicher Münze heim*, so meinen wir damit, dass wir gleiches mit gleichem vergelten wollen, uns also in der Weise rächen, wie uns selbst geschehen ist.

Mit Haut und Haar

Im Sachsenspiegel, dem ältesten Rechtsbuch des Mittelalters, fand sich eine Strafe, die *an Haut und Haar vollzogen* wurde: Bei meist kleineren Vergehen wurden dem Verurteilten die Haare und der Bart abgeschnitten, und er erhielt eine Prügelstrafe auf die Haut. Das Prügeln sollte ihm Schmerzen zufügen, das fehlende Haupthaar und Barthaar hatte den Sinn, den übrigen Bürgern zu zeigen, dass dieser Mensch eine Verfehlung begangen hatte.

Aus dieser Strafe des Haarabschneidens entwickelte sich auch die Redewendung *Jemanden nicht ungeschoren davonkommen lassen*, womit wir heute meinen, dass eine an der Tat beteiligte Person sich nicht ihrer Strafe entziehen darf.

Und noch ein Ausdruck unserer heutigen Zeit entstand daraus, der *Schabernack,* was die Bedeutung hat, jemandem einen Streich zu spielen, ihn hereinzulegen. Zum Abrasieren der Haare wurde ein sog. *Schabemesser* verwendet, vor allem für den Bereich des Nackens. Beides zusammen, Nacken und Schabemesser, verschmolz irgendwann zum *Schabernack.*

Schließlich benutzen wir bis heute den Spruch *Scherereien bekommen*, wenn wir plötzlich in Schwierigkeiten geraten, was die damaligen Strafen in Bezug auf Abschneiden des Kopf- und Barthaares für den Betroffenen mit Sicherheit darstellten.

Derartige Strafen wurden meist in der Öffentlichkeit in der Dorfmitte bzw. am *Pranger* vollzogen, so dass alle zuschauen konnten und damit gut Bescheid wussten, wer von den Einwohnern sich eine Schuld aufgeladen hatte. Der Pranger war eine Säule aus Stein oder Holz an einer zentralen Stelle in der Stadt, an die der Verurteilte angekettet wurde und dann seine Strafe erhielt. Wir nutzen bis heute die Redewendung *Jemanden an den Pranger stellen*, wenn wir ihn einer Untat öffentlich beschuldigen. Ähnliches gilt für den Ausdruck *Jemanden anprangern*.

Manchmal wurde den Personen, die am Pranger festgebunden waren, ein Schild mit der Beschreibung, welche Tat der Verurteilte verübt hatte, um den Hals gehängt, Jeder, der lesen konnte, sollte erfahren, was der Missetäter schlechtes gemacht hatte. Da die meisten aber nicht lesen konnten, gab es hierfür Gegenstände, die als Symbol für die Untat an die Person gehängt wurden. Bis heute hat sich daraus die Redewendung *Jemandem etwas anhängen* erhalten, wenn wir über einen anderen Menschen schlecht reden und ihm eine Untat zuschreiben. Gab es damals beispielsweise ein Symbol für Diebstahl, so wurde dieses dem Täter angehängt, man hatte ihm *einen Diebstahl angehängt*.

Ein kurzes Wort zum juristischen Hintergrund des Begriffs *Verbrecher*: Heutzutage werden die Begriffe *Vergehen* und *Verbrechen* meist vermischt, bzw. es wird viel zu oft das Wort *Verbrecher* genutzt. In strafrechtlicher Hinsicht liegt ein *Vergehen* immer nur dann vor, wenn die dafür vorgesehene Freiheitsstrafe maximal ein Jahr beträgt, oder eine Geldstrafe verhängt werden kann. Als *Verbrechen* wird eine Tat dann eingestuft, wenn die Strafe mindestens ein Jahr Freiheitsstrafe beträgt.

Eine ähnliche Überstrapazierung erleben wir beim Begriff *Mord*: Nicht jeder, der eine andere Person tötet, ist gleichzeitig ein Mörder. Es *morden* nur diejenigen, die neben dem bloßen Töten eines anderen Menschen noch bestimmte Mordmerkmale verwirklichen, die im Strafgesetzbuch genau definiert sind. Beispiele hierfür sind das Töten aus *Gier*, aus *niedrigen Beweggründen*, mit *gemeingefährlichen Mitteln* oder durch *Heimtücke*. Liegen derartige besondere Merkmale nicht vor, so handelt es sich „nur" um einen *Totschlag*.

Mit jemandem zurande kommen

Kommt man mit einer Person gut zurande, so kommt man mit ihr aus, man versteht sich. Ähnliches gilt für Sachen, mit denen man *zurande kommt*, man beherrscht ihre Funktionsweise ohne Probleme. Diese Redewendung geht auf den alten Seemannsspruch *Zu Rand und Land kommen* zurück. So sprachen Schiffsleute, die ihr Boot erfolgreich am Ufer festgemacht hatten.

Mit Kind und Kegel

Kegel war im Mittelalter die Bezeichnung für ein außerehelich gezeugtes Kind. Nicht selten kam es vor, dass dieses Kind dann aber nicht bei seiner leiblichen Mutter lebte, sondern in die Familie des Erzeugers mit aufgenommen wurde. So kam es zu dem Spruch *Mit Kind und Kegel*, wenn die gesamte Familie gemeint war.

Da im Mittelalter die Bezeichnung *Kind* nicht den Lebensabschnitt meinte, sondern die rechtliche Stellung zu Vater und Mutter, bedurfte man für ein uneheliches Kind eine andere Bezeichnung, welche der besagte *Kegel* war, oder auch *Bastard*. *Bastard* war früher eine alternative Benennung für ein nichteheliches Kind, wobei hier meist die Kinder gemeint waren, die von Adeligen gezeugt und anschließend rechtlich vom Erzeuger anerkannt wurden, im Gegensatz zum *Kegel*, der den nichtadeligen Schichten entstammte.

Mumm in den Knochen haben

Hat eine Person *keinen Mumm in den Knochen*, so ist sie ohne Energie und Kraft und hat keinen Mut. Der Ausdruck geht auf die frühe Studentensprache zurück und lautete ursprünglich *Keinen Animum haben*, was auf das lateinische *animus* zurückzuführen ist, und so viel wie *Mut* oder *Herzhaftigkeit* bedeutet.

Mumpitz

Mumpitz ist ein altes Wort für *Unsinn* und findet seinen Ursprung in der Schreckgestalt *Mummelputz* aus dem 17. Jahrhundert, welche einer Vogelscheuche ähnelte. Irgendwie kam diese *Mumpitz* an die Berliner Börse, wo sie zum Fachbegriff für börsianische Gerüchte mutierte. Von dort aus zog der Begriff durch ganz Deutschland und wird bis heute als Synonym für unsinniges oder haltloses Gerede verwendet. Die alte Berliner Börse befand sich übrigens ganz in der Nähe vom heutigen Hackeschen Markt, dessen S-Bahn-Station damals den Namen *Börse* trug.

Mundtot machen

Macht man eine Person *mundtot*, so meint man heutzutage damit, dass man sie zum Schweigen bringt. Tatsächlich hat der Ausdruck aber nichts mit dem Mund zu tun, sondern geht auf den mittelalterlichen Begriff *munt* zurück, der aus der Rechtssprache stammt und so viel wie *Befugnis*, *Schutz* oder *Gewalt* (im Sinne von: *über jemand anderen bestimmen*) bedeutete. *Mundtot machen* hieß damit früher, dass einer Person die Befugnis zum eigenständigen Handeln entzogen wurde, man hat sie *entmündigt*.

Der Begriff *munt* ist ebenso in unserem heutigen Begriff *Vormund* enthalten: Ein Vormund hat die Befugnis, über eine andere Person zu entscheiden, womit meist die Erziehungsgewalt oder die Fürsorgebefugnis gemeint ist.

Nach Adam Riese

Adam Ries war ein Mathematiker des 15. Jahrhunderts und schrieb als einer der ersten Gelehrten mathematische Lehrbücher auf deutsch. Dadurch konnte ein größerer Teil der Bevölkerung erreicht werden, als wenn er wie seine Kollegen auf lateinisch geschrieben hätte. Damit erzielte er den Nebeneffekt, dass er als der erste mathematische Lehrmeister für den einfachen Mann wahrgenommen wurde. Er war auch derjenige, der die römischen Striche zum Rechnen und Zählen als unnütz empfand, und daher die arabischen Ziffern in das deutsche Rechensystem einführte. Schnell bürgerte sich der Spruch ein, ein mathematisches Rechenergebnis mit Adam Ries zu untermauern: *9 geteilt durch 3 ergibt nach Adam Rie-*

se 3. Das *e* am Ende seines Namens wurde damals noch hinzugefügt, da es die im Mittelalter genutzte Grammatik erforderte. Bis heute hat sich das *e* erhalten, so dass Adam Ries als *Adam Riese* bezeichnet wird.

Nach einer Devise leben

Eine *Devise* ist ein *Wahlspruch*, nach der eine Person lebt. *Ich lebe nach der Devise, möglichst freundlich und hilfsbereit zu anderen Menschen zu sein,* kann ein solcher lauten. Seinen Ursprung hat die Devise in den Wappen der Adeligen des Mittelalters, auf denen das Lebensmotto der jeweiligen Familie in Form eines Spruchs niedergeschrieben stand.

Nicht alle Tassen im Schrank haben

Beschimpfen wir eine Person, dass sie *nicht alle Tassen im Schrank habe,* so vermuten wir, dass diese ein bisschen verrückt ist. Ursprünglich geht das in der Redewendung enthaltene Wort *Tassen* auf das jiddische Wort *Toshia* zurück, was so viel wie *Verstand* heißt. Erst der Volksmund machte daraus *Tassen* und erfand die dazu passenden Redewendungen.

Nicht für lau zu haben

Ist etwas *nicht für lau zu haben,* so ist es nicht umsonst. Der Ausdruck *lau* entstammt nicht, wie man zunächst annehmen möchte, von *lauwarm* ab, sondern geht auf das jiddische *lau* zurück, was so viel wie *nichts, ohne* oder *nein* heißt.

Nicht lange fackeln!

Macht eine Person viel zu lange herum und kommt nicht so recht voran, so sagen wir zu Ihr, dass sie *nicht lange fackeln soll.* Dieser Spruch hat seinen Ursprung im mittelalterlichen Begriff *fickfacken,* was so viel heißt wie *sich lächerlich hin- und herbewegen.* Das *fick* in *fickfacken* hat sich zudem in einem bis heute bei uns gebräuchlichen Ausdruck für intime Begegnungen erhalten.

Nicht von Pappe sein

Hören wir diese Redewendung, so denken die meisten von uns zunächst an den Pappkarton. Logisch, denn dieser ist nicht besonders stabil, und ein Mensch aus Pappe würde sicherlich vom geringsten Windhauch umgehauen.

Mit den heute gebräuchlichen Pappkartons hat der Spruch aber nichts zu tun, sondern geht auf den Mehlbrei zurück, der im Mittelalter eines der Hauptnahrungsmittel war. Mehlbrei wurde als *Mehlpapps* bezeichnet, und stellte im Gegensatz zu Fleisch ein weniger nahrhaftes Gericht dar.

Aber was sollte man machen, die meisten waren arm und konnten nur selten Fleisch auf den Teller bringen. Eine Person, die regelmäßig Fleisch aß, war somit stärker als eine, die immer nur Mehlpapps aß. Außerdem war der Brei weich und schleimig, was als Eigenschaft auf Personen übertragen wurde. *Man war nicht von Pappe*, wenn man stark und kräftig gebaut war, bzw. ein Umstand *war nicht von Pappe*, wenn er nicht unterschätzt werden durfte.

Nullachtfünfzehn

Das LMG 08/15 war ein Maschinengewehr aus der Zeit des ersten Weltkriegs und zählte zur Standardausrüstung der Soldaten. Diese machten bereits damals die Zahlen zu einem Sinnbild für Gewöhnlichkeit, Geistlosigkeit und militärischen Alltag. Später entwickelte sich die Bezeichnung *08/15* weiter zu einem Synonym für das Normale, Alltägliche, Gewöhnliche.

Oberwasser bekommen

Wasser, das das Rad einer Mühle antreibt, und vom aufgestauten Bach in das Mühlrad fließt, wird als *Oberwasser* bezeichnet. Das abfließende Wasser ist das *Unterwasser*.

Zunächst wird ein Bach oder ein kleiner Flusslauf durch ein Wehr aufgestaut, so dass sich ein Vorrat an Wasser bildet. Ist das Wehr bis oben vollgelaufen, so läuft es irgendwann über, was das *Oberwasser* darstellt. Gab es eine Trockenzeit und der Bach versiegte, so war natürlich auch kein Oberwasser mehr da, der Müller musste einen konkreten Nachteil erleben.

Insofern entwickelte sich die bis heute bei uns gebräuchliche Redewendung aus der Sprache der Müller heraus, denn Oberwasser war insofern etwas positives, als dass es die Mühle antrieb. Die Mühle musste Oberwasser bekommen, sonst lief sie nicht. Oberwasser brachte einen Vorteil, während Unterwasser keinen Nutzen mehr darstellte. Bis in unsere Zeiten sagen wir *Oberwasser bekommen*, wenn jemand im Vorteil ist.

Piekfein sein

Das *piek* im *piekfein* geht auf das plattdeutsche Wort *pük* zurück, was so viel wie *erlesen* und *edel* heißt. *Piekfein* kann daher als *edelfein* in unsere heutige Sprache übersetzt werden, also eine nochmalige Verstärkung des Wortes *fein*. Manche Sprachforscher vermuten, dass sich das *piek* zu *pico* weiterentwickelt hat und schließlich in den Begriff *picobello* italieniesiert wurde, was *einwandfrei* oder *perfekt* bedeutet.

Platonische Liebe

Sprechen wir heutzutage von *Platonischer Liebe*, so meinen wir damit eine Liebe, die ohne körperlichen Kontakt auskommt und auf rein geistiger Ebene abläuft. Leider unterliegen wir damit einem Irrtum, denn der antike Philosoph Platon meinte das ganz anders: Er unterteilte die Liebe in verschiedene Stufen, wobei die erste Stufe die körperliche Liebe beinhaltete. Diese Stufe stellt die Liebe für Anfänger dar, ist aber steigerbar. In den höheren Stufen befreit sich die Liebe von den körperlichen Begehren und wird zur rein geistigen Liebe. Auf dieser Ebene entfaltet der Mensch die in ihm angelegte Liebe, indem er sich dem Begehren nach Schönheit, Wahrheit und Göttlichkeit widmet. Somit verstehen wir in der heutigen Zeit Platon etwas falsch, denn unser Verständnis von *Platonischer Liebe* beinhaltet keine körperliche Anziehung, wohingegen Platon diese durchaus meinte, aber eben nur auf der untersten Stufe.

Pleite gehen

Pleite entstammt dem jiddischen *pleto* und stand für *Flucht, Entrinnen* oder *Rettung*. Dahinter stand die Vorstellung, dass man als Zahlungsunfähiger vor den Gläubigern fliehen müsse, um der Verhaftung zu entgehen. Der *Pleitegeier* war zunächst übrigens kein Vogel, sondern ein ganz normaler Mensch, der *Pleitegeher*. Erst mit der Zeit verschob sich der Begriff sinnbildlich hin zum Geier, der von toten Tieren lebt.

Ränke schmieden

Ränke schmieden ist ein alter Ausdruck für *Pläne machen*. *Ränke* geht dabei auf den früheren Ausdruck *Rank* zurück, der für *Wegkrümmung* steht, also für eine Straßenkurve. Man entwarf eine krumme Tour, ein rechtswidriges Vorhaben, wenn man *Ränke schmiedete*.

Aus dem alten Wort *Rank* entstand auch die Redensart *Jemandem den Rang ablaufen*, was somit nichts mit der gesellschaftlichen Stellung *Rang* zu tun hat und letztendlich nur meinte, dass der eine schneller war als der andere: Eine Person die die Wegkrümmung als Abkürzung nutzt ist schneller als die, die den vorgeschriebenen

Weg geht. Heute meinen wir mit der Redewendung nur noch, dass jemand besser ist als der andere.

Recht und billig

Empfinden wir etwas als *recht und billig*, so erscheint es uns als *angemessen* und *gerecht*. *Billig* ist dabei in seiner ursprünglichen Form zu verstehen, als *gerecht* und *berechtigt*. Diese alte Bedeutung liegt der neuen gar nicht so fern, denn erscheint uns ein Produkt als *billig*, so meinen wir letztendlich damit, dass es einen gerechten und angemessenen Preis hat.

Rede kein Kokolores!

Mit *Kokolores* bezeichnen wir unsinniges und übertriebenes Getue, und wenn jemand *Kokolores redet*, dann handelt es sich meist um dummes Geschwätz. Der Begriff entstammt dem Hahn, welcher im Mittelalter von den Gelehrten auf lateinisch als *cockalorum* bezeichnet wurde. Verständlich, dass daraus eine Redewendung wurde, denn ein Hahn sitzt gerne mal auf seinem Misthaufen und kräht mit stolz geschwellter Brust in der Gegend herum. Das soll zwar Eindruck auf die Hennen machen, besitzt inhaltlich aber wenig Substanz.

Aus *cockalorum* entwickelte sich im Englischen später das Wort *cock*, welches ebenfalls für Hahn steht. Aus *cock* entstand das *cockpit*, die Hahnengrube, in der früher Hahnenkämpfe ausgeführt wurden und das in unseren aktuellen Zeiten zur Pilotenkanzel wurde.

Der Hahnenschwanz ist der *cocktail*, in den als beliebtes alkoholisches Mixgetränk schmückendes Beiwerk wie Schirmchen oder glitzernde Plastikfedern gesteckt werden. Diese stehen symbolhaft für den Schwanz des Hahnes.

Reibach machen

Macht eine Person ihren *Reibach*, so meint man damit, dass sie sehr viel verdient hat, ja fast schon übermäßig viel. Seinen Ursprung findet der Begriff R*eibach* in der Gaunersprache des 19. Jahrhunderts, dort sagte man *Rebbach* für Gewinn und Verdienst.

Sang- und klanglos

Früher wurde bei Beerdigungen vom Turmwächter traurige Musik aus dem Kirchturm oder Stadtmauerturm heruntergeblasen, um den Zug der Trauernden zum Friedhof hin mit angemessener Musik zu begleiten. Natürlich spielte der Turmwächter nicht umsonst, dieses Zeremoniell konnten sich nur die etwas reicheren Einwohner leisten. Bei den Armen ertönte keine Musik, deren Beerdigung war *sang- und klanglos*. Wenn wir inzwischen von *sang-und klanglos* sprechen, so meinen wir damit, dass etwas ohne viel Aufhebens ganz still und unbemerkt gemacht wurde.

Aus diesem Brauch heraus entstand auch der von uns bis heute benutzte Ausdruck für depressive Verstimmungen *trübsal blasen*, denn die Musik vom Turm herab war aus nachvollziehbaren Gründen eher trübselig als fröhlich, es wurde ein *Trübsal geblasen*.

Sankt-Nimmerleins-Tag

Im Mittelalter gab man Termine in Urkunden nicht mit dem jeweiligen Kalenderdatum an, sondern mit dem Namen des Heiligen, der an dem jeweiligen Tag geehrt wurde. Ganz bestimmte Namen nutzte man für immer wiederkehrende Ereignisse, z.B. den Johannistag am 24. Juni für Vertragsabschlüsse.

Das Mittelalter war nicht nur finster, es soll auch damals schon humorvolle Zeitgenossen gegeben haben. So kam es, dass neben all den ernsten und wichtigen Tagen auch ein *Sankt-Nimmerleins-Tag* erfunden wurde. Dieser stand für Termine, die ohnehin nie eintreffen würden. Ähnlich entstand die Bezeichnung *Teufels Himmelsfahrt* oder *Beschneidung Mariens*, Ausdrücke, die sich in früheren Aufzeichnungen finden und ebenso auf Ereignisse hinweisen, die in keinem Fall jemals eintreffen werden.

Einer der für uns bekanntesten Heiligen, der als Namenspate für einen Kalendertag zur Verfügung stand, ist übrigens der heilige *Silvester I.* für den 31.12. eines Jahres. Er war ein Papst im 4. Jahrhundert nach Christus.

Seine Schäfchen ins Trockene bringen

Hat jemand für seine finanzielle Sicherheit genug Vorsorge getroffen, so sagen wir, *er hat seine Schäfchen ins Trockene gebracht*.

Diese Redewendung geht, wie könnte es anders sein, auf die in früheren Zeiten weit verbreitete Schafszucht zurück. Allerdings ging es nicht darum, dass die Schäfer mit großer Mühe ihre Schäfchen vor Regen schützen mussten. Nein, das war für die Schafe kein großes Problem. Dieses lag vielmehr auf der Erde, denn auf einem dauerhaft zu feuchten, morastigen oder sumpfigen Boden lebte der Leber-Egel, der die Schafe befallen und erkranken lassen konnte. Schafe, die mit dem Leber-Egel befallen waren, siechten stumpf und kraftlos vor sich hin. Auf trockenem Boden fand dieser Parasit keine

Lebensgrundlage, so dass die Tier dort vor ihm in Sicherheit waren.

Neben dem Egel drohte den armen Schafen auf modrigem Grund auch noch die Moderhinke an den Klauen. Ebenfalls eine Krankheit, die auf normalem Boden auszuschließen war. Ein sorgfältiger Schäfer achtete aus diesen Gründen stets darauf, dass seine Tierchen nie zu lange auf einem sumpfigen und morastigen Grund verweilen mussten, er führte sie immer wieder *ins Trockene*.

Schema F

Handeln wir etwas nach *Schema F* ab, so meinen wir damit, dass es nach genauen Regeln in immer gleicher Weise bearbeitet wird. Der Ausdruck geht auf das preußische Heer zurück, bei dem bestimmte Vordrucke mit der Bezeichnung *F* ausgefüllt werden mussten. Das waren die sog. *Frontrapporte*, Berichte über den Bestand der Soldaten und Waffen. Diese mussten nach einem derart genau vorgeschriebenen Muster ausgefüllt werden, dass sich so mancher Soldat dabei sicherlich hervorragend gelangweilt haben durfte.

Scherflein beitragen

Eine *Scherf* war eine Münze im Mittelalter mit dem Wert eines halben Pfennigs. Zunächst gab es sie nur in Norddeutschland, verbreitete sich aber mit der Zeit auch in den übrigen Gebieten. Schließlich entwickelte sich die Bezeichnung *Scherf* zu einem Synonym für geringwertige Münzen im allgemeinen. Da auch Luther die Münze kannte, fand sie ihren Einzug in die lutherische Bibelübersetzung. Dort spendet die arme Witwe ihr Scherflein der Kirche und wird dafür von Jesus gelobt, da sie alles gibt, was sie hat, während die Reichen nur das gaben, was sie ohnehin übrig hatten. Bis heute *tragen wir unser Scherflein zu etwas bei*, wenn wir einen kleinen finanziellen Beitrag zu etwas leisten.

Schindluder treiben

Schinden ist ein alter Begriff für das Häuten von Tieren. Der Beruf des *Schinders* bestand darin, vor allem kranken und verletzten Tierkadavern das Fell und die Haut abzuziehen. Das dabei gewonnene Fleisch wurde als minderwertig betrachtet und *Schindluder* genannt.

Neben der Beschäftigung mit totem Vieh hatte der Schinder außerdem die Aufgabe, den Henker bei bestimmten Hinrichtungsarten zu unterstützen, vor allem dem Häuten. Ähnlich wie beim Vieh wurde dabei dem Verurteilten bei lebendigem Leibe die Haut abgezogen. All das machte den Beruf des Schinders wenig attraktiv, er war anstrengend und durch die Beteiligung an Hinrichtungen von der Bevölkerung verachtet.

Schindet sich heutzutage ein Mensch, so meint man damit, dass er sich großen Anstrengungen unterzieht. Wird mit einer Person *Schindluder getrieben*, so wird diese über das normale Maß hinaus ungewöhnlich heftig veralbert. Das geht auf die verächtliche und abweisende Einstellung sowohl gegenüber dem Beruf des Schinders zurück, als auch gegenüber dem von ihm bearbeiteten minderwertigen Fleisch.

Schlitzohr

Im Mittelalter kannte man zahlreiche Strafen für Menschen, die gegen die Rechtsordnung verstießen. Wichtig war, dass eine Warnung von ihnen ausging, so dass andere deren Verfehlungen auf den ersten Blick erkennen konnten. Was gab es da wirkungsvolleres, als den Körper des Täters so zu verunstalten, dass er für den Rest seines Lebens die Verfehlung mit sich herumtragen musste.

So wurden beispielsweise bei Dieben, je nach Schwere der Tat, einzelne Finger abgeschnitten, oder gleich die ganze Hand abgehackt. Eine weitere Form der Bestrafung war das Schneiden einer Kerbe ins Ohr: Dieser Schlitz führte zu der Kennzeichnung *Schlitzohr* für hinterhältige und nicht ganz rechtschaffene Mitmenschen.

Auf ähnliche Weise ist der Ausspruch *Jemanden brandmarken* entstanden, denn es kam durchaus vor, dass Missetätern für ihre Tat ein Brandmal in die Haut eingesengt wurde. Dieses Mal stand oft im Zusammenhang mit dem konkreten Delikt, so dass für andere sofort erkennbar war, was der Täter verbrochen hatte. Heutzutage ist eine Person *gebrandmarkt*, wenn bei ihr eine Verfehlung öffentlich gemacht, sie mithin bloßgestellt wurde.

Schmiergeld zahlen

Wollte man in früheren Zeiten mit der Postkutsche fahren, so musste man dem Fahrer neben der eigentlichen Gebühr für die Fahrt auch einen weiteren Zusatzbetrag entrichtet. Dieser war das *Schmiergeld*, und wurde im wahrsten Sinne des Wortes für das Schmieren der Kutschenachsen verwendet.

Vermutlich war den Kutschunternehmen irgendwann der reine Fahrpreis nicht mehr genug, so dass sie sich verschiedene Zusatzgebühren einfallen ließen. Das Schmieren der Achsen hatte für die Fahrgäste immerhin den Nutzen, dass die Fahrt voraussichtlich problemloser ablief, während ungeschmierte Achsen die Gefahr boten, sich während der Fahrt festzusetzen und kaputtzugehen.

Mit *Schmiere stehen* hat das ganze übrigens überhaupt nichts zu tun: Der Begriff *Schmiere* entstammt dem jiddischen Wort *schmiro* und hieß damals so viel wie *Wache*. Das passt, denn *Schmiere stehen* heißt bis heute nichts anderes als *Wache halten*, allerdings eher bei rechtswidrigen Aktionen.

Schnurstracks

In jenen mittelalterlichen Zeiten, als der Ausdruck *schnurstracks* entstand, nutzten die damals tätigen Zimmerleute eine Schnur, um gerade Strecken zu spannen. *Stracks* war ein Wort, dass bei diesen Arbeiten benutzt wurde, denn es bedeutete im Mittelalter-Slang so viel wie *gerade*. Die eifrigen Zimmermänner spannten tagtäglich ihre gerade Schnur, und irgendwann verknüpften sich beide Begriffe zu einem neuen, *schnurstracks* war geboren.

Noch heute benutzen wir diesen Begriff gerne, wenn wir andeuten wollen, dass wir auf geradem Weg etwas zielstrebig oder schnell erledigen werden bzw. auf geradem Weg einen anderen Ort aufsuchen.

Schornsteinfeger bringen Glück

In den Dörfern und Städten des Mittelalters kam es immer wieder zu schweren Feuern, da sich der Ruß in den Kaminen entzündete. Abhilfe war nötig, und diese wurde in Form eines neuen Berufsstandes gefunden: Dem *Schornsteinfeger*. Die Angehörigen dieser Berufsgruppe reisten über das Land und boten ihre Dienste an. Dementsprechend war die Freude groß, wenn das eigene Dorf von einem Schornsteinfeger besucht wurde. Die Bewohner konnten sich darauf verlassen, dass ihr Kamin nun professionell gereinigt wurde und damit die Feuergefahr sank. Insofern brachte ein Schornsteinfeger tatsächlich Glück, denn er verhinderte große Feuersbrünste und machte das Leben ein bisschen sicherer. Bis heute dient das Symbol des in schwarz gekleideten Schornsteinfegers mit Leiter und Reinigungsdraht oder Besen in der Hand als Darstellung von Glück.

Schreib Dir das hinter die Ohren!

Da die einfachen Leute im Mittelalter nicht das Wissen über Schreiben & Lesen besaßen, mussten sie andere Wege finden, um einen Vertragsabschluss nachweisbar zu machen. Eine dieser Methoden bestand darin, junge Leute beim Vertragsschluss dabeizuhaben, was meist die eigenen Kinder der Vertragsparteien waren. Diese lebten hoffentlich noch lange genug, um den Vertrag für die Nachwelt bezeugen zu können. Oftmals ging es dann um wichtige Dinge wie Grenzziehungen von Feldern oder Waldgrundstücken.

Damit die Kinder sich alles merkten, bekamen sie während des Vertragsabschlusses mehrere Ohrfeigen verpasst. Das hatte den Zweck, dass sich die Zeugen den Anlass und Inhalt des Vertrags besser merken konnten, denn die mittelalterlichen Menschen hatten die Vermutung, dass sich die Merkfähigkeit durch Hinzufügung von Schmerzen steigern lies: Man erinnert sich eher an ein Ereignis, das schmerzhaft war, als wenn sich alles ganz normal wie sonst auch im Alltag verhielt. Der Vertragsschluss wurde den Zeugen sozusagen *hinter die Ohren geschrieben*.

Noch heute nutzen wir diese Formel, wenn eine bestimmte Person sich etwas unbedingt merken und keinesfalls wieder vergessen sollte.

Schwarze Katzen bringen Pech

Läuft einem heutzutage eine süße schwarze Katze über den Weg, so glauben noch immer viele Menschen, dass dies eine Pechsträhne auslösen könnte. Seinen Ursprung hat jener Aberglaube im Mittelalter, als schwarze Katzen Begleiter von Hexen und anderem finsteren Gesindel waren. Heutzutage bringt eine schwarze Katze höchstens dann Pech, wenn sie sich auf das neue weiße Sofa setzt.

Schwein gehabt!

Wenn jemand Glück hatte, so sagt man *Da hast Du aber Schwein gehabt!*. Wie kann es sein, dass ein Schwein mit Glück in Verbindung gebracht wird? Stellen Sie sich vor, Sie laufen durch den Wald, und plötzlich springt Ihnen ein kleines dickes schmutziges Schwein in die Arme. Gibt es vollendeteres Glück?

Ja, natürlich, man kann sich durchaus schönere Situationen vorstellen. Daher hat diese Redewendung auch einen gänzlich anderen Ursprung. Sie geht auf einen Wettbewerb im Mittelalter zurück: Auf Bogenschützen-Turnieren wurde in die Mitte der Zielscheibe manchmal das Bild eines Schweins gemalt. Traf der Schütze nun genau in die Mitte der Scheibe, so erwischte sein Pfeil das Schwein. Er hatte einen guten Schuss abgeliefert und das Schwein getroffen, also im wahrsten Sinne des Wortes das *Schwein gehabt*.

Das Schwein war schon immer ein Symbol des Glücks, da es bereits in der Antike als Sinnbild der Fruchtbarkeit galt. Weibliche

Gottheiten der Antike wurden manchmal sogar als Schwein dargestellt. Wie süß. Im früheren Griechenland opferte man im Rahmen von Frühlingsfeierlichkeiten junge Ferkel, um dadurch die Götter milde zu stimmen und eine erfolgreiche Ernte zu erhalten.

Eine andere Erklärung für den Spruch *Da hast Du Schwein gehabt!* geht auf den Brauch zurück, dass bei so manchem mittelalterlichen Turnier der letzte Platz ein Schwein als Trostpreis erhielt. Zwar hatte die Person auf dem letzten Platz wirklich Pech, da sie die erfolgloseste im gesamten Wettkampf war, aber irgendwie auch wieder Glück, denn sie bekam ein ganzes Schwein mit nach Hause, was damals wie heute einen gewissen Wert darstellte - Glück im Unglück also.

Schwert des Damokles

Im 5. Jahrhundert vor Christus regierte auf Sizilien ein Herrscher mit dem Namen *Dionysios*. An dessen Hofstaat lebte und arbeitete *Damokles*, welcher eigentlich eine gute Position innehatte und demzufolge zahlreiche Annehmlichkeiten genießen durfte. Dennoch war er regelmäßig neidisch auf den König, und ließ dies ihm gegenüber auch deutlich durchblicken.

Da Dionysios nicht nur der Arbeitgeber von Damokles war, sondern auch dessen Freund, wollte er ihm eine gutgemeinte Lektion erteilen: Er lud seinen engsten Kreis zu einem Festmahl ein, und ließ Damokles zur Feier des Tages auf seinem Thron sitzen. Zuvor hatte Dionysios jedoch ein Schwert über dem Thronsitz anbringen lassen, welches lediglich an einem ganz dünnen Faden herunterhing und direkt auf den Kopf der Person gerichtet war, die auf dem Thron saß. Angeblich soll der dünne Faden sogar nur das Haar eines Pferdeschwanzes gewesen sein. Natürlich war Damokles irritiert und fragte, was das ganze denn solle. Dionysios erklärte ihm, dass er zwar König ist, aber dass seine Stellung als solcher nicht nur angenehm sei. Er hat viele Feinde und Neider, und seine Stellung als König wäre jede Sekunde gefährdet. Zu jeder Zeit könne das Schwert auf ihn herabfallen und seine vergängliche Macht beenden.

Bis heute verwenden wir daher den Ausspruch *Über ihm hängt das Schwert des Damokles*, wenn wir andeuten möchten, dass die Position einer Person äußerst gefährdet ist und das Schicksal sie jederzeit hart treffen kann.

Sei keine Flasche!

Früher war es in Italien gang und gäbe, den eigenen Wein mit ins Theater zu nehmen. Bevorzugt wurden die großen bauchigen Flaschen, die mit Stroh umflochten waren und Chianti enthielten. War die Vorstellung schlecht, so neigten die bereits leicht angeheiterten Italiener dazu, ihre leeren Flaschen auf die Bühne zu werfen, um dadurch ihre Missachtung gegenüber den Schauspielern auszudrücken.

Im Laufe der Zeit wurde ein schlecht agierender Schauspieler mit einer Flasche gleichgesetzt, und später übertrug sich diese Bezeichnung allgemein auf alle Menschen, die versagt hatten. Von Italien aus fand die Redewendung schließlich Einzug in andere europäische Länder und gelangte so auch nach Deutschland.

Eine derartige Korbflasche heißt auf italienisch übrigens *fiasco*, woraus die im deutschen gebräuchliche Bezeichnung *Fiasko* für einen großen *Misserfolg* entstand. Auch dieser Begriff geht damit ursprünglich auf die Trink- und Werfgebräuche in den Theatern Italiens zurück.

Seinen Senf dazugeben

Senfbrühe war im Mittelalter das, was heute für so manchen Zeitgenossen das Ketchup ist. Es war durch den heimischen Anbau ubiquitär verfügbar, günstig, und wurde zu fast jedem Essen dazugeschüttet. Bis heute nutzen wir diese Redensart, wenn eine Person sich ungefragt einmischt und ihre eigene Meinung zum Thema sagt.

Sein Scherflein beitragen

Eine *Scherf* war eine Münze im Mittelalter mit dem Wert eines halben Pfennigs. Zunächst gab es sie nur in Norddeutschland, verbreitete sich aber mit der Zeit auch in den übrigen Gebieten. Schließlich entwickelte sich die Bezeichnung *Scherf* zu einem Synonym für geringwertige Münzen im allgemeinen. Da auch Luther die Münze kannte, fand sie ihren Einzug in die lutherische Bibelübersetzung. Dort spendet die arme Witwe ihr Scherflein der Kirche und wird dafür von Jesus gelobt, da sie alles gibt, was sie hat, während die Reichen nur das gaben, was sie ohnehin übrig hatten. Bis heute *tragen wir unser Scherflein zu etwas bei*, wenn wir einen kleinen finanziellen Beitrag zu etwas leisten.

Sich behaglich fühlen

Fühlen wir uns in einer bestimmten Umgebung besonders *behaglich*, so meinen wir damit, dass wir uns dort wohlfühlen, dass der Ort eine gewisse Sicherheit und Geborgenheit ausstrahlt. Geht man auf den Ursprung des Wortes zurück, so ergibt das durchaus Sinn: Ein *Hag* stellte früher ein umzäuntes oder mit einer Hecke eingegrenztes Gelände dar, welches zuvor dem Wald durch Abholzung abgerungen werden musste.

Innerhalb dieses Gebietes drohten keine Gefahren des Waldes mehr, beispielsweise durch Wildtiere oder sich verstreckende Räuber. Zudem vermittelte der Zaun einen zusätzlichen Schutz. Man fühlte sich innerhalb des Hags *behaglich*.

Aus dem *Hag* entwickelte sich unter anderem das *Gehege*, ein eingezäuntes Gebiet für Tiere. Kommt einem eine Person in die Quere, so sagt man bis heute, dass diese einem *ins Gehege kam*.

Übrigens hatte die Waldrodung in früheren Zeiten nicht diesen schlechten Beigeschmack, den sie heute besitzt. Man muss bedenken, dass das Gebiet des heutigen Deutschland zur Zeit seiner ersten Besiedlungsversuche nahezu vollständig bewaldet war. Jede noch so kleine Fläche musste durch Abholzung dem Wald entrissen werden. Dort, wo heute Städte stehen, Straßen verlaufen oder offene Felder zu finden sind, standen in früheren Zeiten überall Bäume herum. Diese mitsamt dem Wurzelwerk zu entfernen, stellte mit Sicherheit keine einfache Aufgabe dar.

Tragen heute Orte das Wort *hag* oder *hagen* in sich, so kann davon ausgegangen werden, dass diesen Siedlungen eine Waldrodung vorausgegangen ist. Auch Familiennamen, die *hag* in sich tragen, z.B. *Hager*, gehen oftmals zurück auf Personen, die ein *Hag* errichteten oder besaßen.

Sich etwas aus den Fingern saugen

Bereits vor vielen Jahrhunderten entstand der Volksglaube, dass die Finger eigenständige kleine Wesen des Körpers sind und dadurch ihr Wissen an den Menschen vermitteln können. Es hieß, man müsse nur die Finger in eine Zauberflüssigkeit tauchen, dann an ihnen saugen, und schon erhielte man die gewünschte Erkenntnis. Natürlich war bereits damals so manchem rational Denkendem klar, dass das Humbug sei, und die Finger einfach nur Finger sind. Dementsprechend könnte die bis heute genutzte Redewendung entstanden sein, denn wer sich heutzutage etwas *aus den Fingern saugt*, der erfindet irgend etwas frei heraus.

Sich in die Höhle des Löwen wagen

Die bis heute gern genutzte Redewendung *Sich in die Höhle des Löwen wagen* basiert auf einer Fabel des griechischen Dichters *Äsop* aus dem 6. Jahrhundert vor Christus: Ein besonders fauler Löwe lockte alle Tiere, die an seiner Höhle vorbeikamen, mit einer List in dieselbe, nur um sie anschließend zu verspeisen. Das war gut für den Löwen, da er sich nicht auf die anstrengende Jagd begeben musste, aber schlecht für die Tiere. Ein Fuchs fiel nicht auf den Löwen herein, er erkannte, dass alle Spuren nur in die Höhle hineinführten, aber keine wieder heraus.

Heute *wagen wir uns in die Höhle des Löwen*, wenn wir beispielsweise zum Chef gehen und ihn um eine Gehaltserhöhung bitten. Er frisst uns nicht immer auf, kann aber möglicherweise zornig werden. Es ist ein Gang vollen Mutes.

Sich verhaspeln

Eine *Haspel* ist eine Spule die zum Aufwickeln von Garn dient. Gerät dabei etwas daneben, weil man beispielsweise zu schnell und hastig gearbeitet hat, so kann das zu einem heillosen Durcheinander des Fadens führen. Der Aufwand, um das geschaffene Chaos wieder zu entwirren, ist groß. Vermutlich stammt die Redewendung *sich verhaspeln* aus der Zeit, als Wolle noch in Handarbeit zu Garn verarbeitet wurde. Bis heute nutzen wir das Wort, um zu schnelles Arbeiten oder zu schnelles Reden und ein damit verbundenes Durcheinanderkommen zu bezeichnen.

Sich verzetteln

Wenn wir uns verzetteln, so meinen wir damit, dass wir zu viele Sachen auf einmal machen möchten und dabei keine so richtig erledigen bzw. irgendwann überhaupt nicht mehr vorankommen. Nun könnte man denken, dass dieser Ausdruck auf eine Vielzahl von Zetteln zurückgeht, die man beschrieben und nun durcheinander gebracht hat. Vielleicht ein Spruch aus früheren Zeiten, als man noch alles per Hand schrieb, und die Technik der Computer in weiter Ferne war?

Nein, so ist es nicht, denn ganz unerwartet geht dieses Wort auf den Beruf der Weber zurück. Wenn diese ein neues Werk starteten, so mussten sie zunächst sog. Längsfäden in ihrem Webstuhl aufspannen. Diese Längsfäden trugen den Namen *Zettel*. Gerieten die Zettel durcheinander, so hatte sich der Weber verzettelt.

Aus der gleichen Richtung kommt der Ausspruch *etwas anzetteln*, denn so nannte der Weber den Beginn einer neuen Webarbeit.

Hatte der Weber sein Werk vollendet, so wurde es von seinem Chef überprüft. Dabei wurde dieses zum einen *nach Strich*, als auch *nach Faden* begutachtet, woraus unsere bis heute gebräuchliche Redewendung *Nach Strich und Faden* entstanden ist. Ursprünglich war damit gemeint, dass etwas sehr sorgfältig überprüft wird. Inzwischen hat der Spruch aber eine eher negative Bedeutung inne, beispielsweise wenn jemand *nach Strich und Faden verhauen* wird.

Sich wie ein Schneekönig freuen

Es gibt in Deutschland einen Vogel mit dem Namen *Zaunkönig*. Dieser verlässt im Winter nicht das Land, um in wärmere Gefilde zu fliegen, sondern bleibt zuhause bei uns. Weder Eis noch Schnee können dem Vogel die Laune verderben, er ist immer fröhlich und äußert das selbst im eisigsten Winter durch lebhaften Gesang.

Aus diesem Grund erhielt der Vogel im Laufe der Zeit den Spitznamen *Schneekönig*. Anscheinend gingen die Leute davon aus, dass der Schneekönig immerzu Freude habe, trotz Eiseskälte, und so musste er für viele Vergleiche herhalten.

Verständlich, dass dabei die Redewendung *Er freut sich wie ein Schneekönig* entstand.

Sich wie ein Lauffeuer verbreiten

Verbreitet sich etwas wie ein *Lauffeuer*, so meinen wir damit, dass sich eine Neuigkeit sehr schnell herumspricht. Ursprünglich bezeichnete man mit *Lauffeuer* angezündetes Schießpulver auf dem Boden, mit dessen Hilfe man weit entfernte Gegenstände entflammen oder zur Explosion bringen konnte.

So ein Schlamassel!

Aus zwei verschiedenen Begriffen entstand das *Schlamassel*: Zum einen aus dem Wort *schlimm*, zum anderen aus dem alten jiddischen Wort *Massel*, was damals so viel hieß wie *Gestirn*, *Glücksstern* oder *Schicksal*. Insofern stellt *Schlamassel* ein *schlimmes Schicksal* dar, was in der alten Nutzungsform *Schlimassel* noch wesentlich deutlicher zum Ausdruck kam.

So eine Geldschneiderei!

Sprechen wir von *Geldschneiderei*, so meinen wir damit, dass etwas nach Betrug riecht, bzw. dass jemand zu viel Geld für etwas verlangt. Vor langer Zeit wurde Geld tatsächlich beschnitten, bzw. abgeschnitten oder vielmehr abgefeilt: Trickreiche Betrüger versuchten, den Rand von Goldmünzen abzuschneiden oder mit einer Feile abzuhobeln, so dass sie den Goldstaub sammeln und anderweitig verkaufen konnten. Aus diesem Grund gingen mehr und mehr Kaufleute dazu über, Goldmünzen vor ihrer Annahme zu wiegen, ob sie noch ihr vollständiges Gewicht hatten.

Spießbürger

Heutzutage stellen wir uns unter einem *Spießbürger* einen sehr engstirnigen Menschen vor, der sich gegen alles Neue wehrt und das Alte bewahren möchte. Der Begriff war aber nicht immer so negativ besetzt: Seinen Ursprung hat der *Spießbürger* im ganz normalen Einwohner einer Stadt im Mittelalter. Erlebte die Stadt einen Angriff, so hatte jeder wehrfähige Bewohner die Pflicht, die Stadt zu verteidigen. Hierzu wurde ihm ein langer *Spieß* zur Verfügung gestellt, welcher sehr effektiv gegen die damals angreifenden Ritterheere eingesetzt werden konnte. Später erfand man die Schusswaffen, und die Spieße setzten dem nichts mehr entgegen. Somit wurde der Spieß nutzlos und altmodisch, was der Volksmund irgendwann auf seine Benutzer übertrug. Ein *Spießbürger* war plötzlich ein rückständiger Mensch, der den modernen Zeiten nichts mehr entgegenzusetzen hatte. Schließlich wandelte sich der Begriff *Spießbürger* zur Kurzform *Spießer*.

Spinne am Morgen, bringt Kummer und Sorgen

Hört man dieses Sprichwort, so könnte man zunächst meinen, dass eine kleine Spinne, die einem am Morgen vor die Füße krabbelt, Auslöser für einen unheilvollen Tag sei. So ist dem aber nicht. Mit *Spinne* ist vielmehr die handwerkliche Tätigkeit *spinnen* gemeint. Wer sich in früheren Zeiten bereits früh am Morgen der mühsamen Tätigkeit des Spinnens von Wolle widmen musste, somit den gesamten Tag damit beschäftigt war, der lebte mit großer Wahrscheinlichkeit in Armut und hatte ohnehin ein sorgenvolles und kummerreiches Leben. Setzte man sich erst abends ans Spinnrad, so geschah das meist in geselliger Runde in der gemeinsamen Spinnstube des Dorfes. Es war dann ein freudvoller Zeitvertreib, kein mühsamer Broterwerb. Wer sich dort traf, ohne bereits den ganzen Tag am Spinnrad gesessen zu haben, den plagten geringere materielle Sorgen.

Steinreich sein

Im Mittelalter war es üblich, dass die ärmeren Bevölkerungsschichten in Holzhäusern leben mussten. Steine kamen aus Steinbrüchen und mussten aufwendig in die richtige Form gehauen werden. Ein Haus aus Holz war da wesentlich einfacher zu errichten. Der reiche Adel konnte sich Steine leisten, und baute dementsprechend seine Burgen auf. Im Laufe der Zeit, als auch die einfachen Leute zu mehr und mehr Wohlstand kamen, konnten sich diese plötzlich Häuser aus Stein leisten, sie waren *steinreich*.

Stein und Bein schwören

Musste ein Germane in grauer Vorzeit einen wichtigen Schwur leisten, so legte er hierzu seine Hand auf einen heiligen Stein. Später verbreitete sich diese Sitte und wurde auch von den Christen in Deutschland übernommen. Besonders wichtige Eide wurden in der Kirche gesprochen. Der den Eid Leistende legte hierzu seine Hand auf den Altar. Meist befanden sich unter dem Altar, welcher aus Stein war, die Knochen von toten Heiligen. Insofern lag die Hand auf Stein und unter dem Stein befanden sich Gebeine. Es ist zu vermuten, dass daher ein Schwur *auf Stein und Bein* abgehalten wurde, und sich daraus die bis heute genutzte Redensart *Ich schwöre Dir Stein und Bein* gehalten hat.

Stichhaltiges Argument

Ist ein Argument besonders *stichhaltig*, so hält es jeder Gegenrede stand. Genau so verhielt es sich früher mit einer Rüstung, die besonders gut gegen die Schwertstiche der Gegner gepanzert war. Sie konnte jeden Stich aufhalten, sie war *stichhaltig*.

Süßholz raspeln

Aus den Wurzeln des Süßholzes stellte man früher einen schwarzen, süßlich schmeckenden Saft her, welcher auf den Menschen rauschähnliche Wirkung hatte, und dementsprechend beliebt war. Bis heute bildet das Süßholz die Basis für Lakritze. Die Herstellung erfolgte dergestalt, dass die Wurzeln der Staude geraspelt wurden, woraus sich die Redewendung ergab. Heute sagen wir, dass ein Mann *Süßholz raspelt*, wenn er eine Frau mit schönen Worten für sich zu gewinnen versucht.

Tabula rasa

Die alten Römer nutzten zum Schreiben Wachstäfelchen, die sie mit Griffeln einritzten. Um das Geschriebene zu löschen, musste man das Wachs lediglich glatt schaben, und schon hatte man ein neues Blatt. *Tabula rasa* war hierfür der lateinische Fachbegriff, denn das heißt so viel wie *glatt geschabte Tafel*. Machen wir heutzutage *Tabula rasa*, so räumen wir mit einer Angelegenheit radikal auf.

Tacheles reden

Tacheles reden bedeutet, dass man mit einer Person Klartext spricht, sie unmissverständlich auf ein Problem hinweist. Das Wort *tacheless* entstammt dem Jiddischen und heißt so viel wie *Ziel*, *Zweck* oder *zielbewusstes Handeln*.

Toi toi toi!

In früheren abergläubischen Zeiten spuckte man dreimalig auf den Boden, um böse Geister zu vertreiben, denn menschliche Körpersäfte galten als mächtige Barriere gegen die Unwesen. Das dreimalige *toi* aus dem Ausruf symbolisiert das dreimalige Spucken.

Möglicherweise hat sich dieser Aberglaube bis heute rudimentär gehalten, denn nach wie vor sieht man vornehmlich Männer, die in der Öffentlichkeit unsittlich und scheinbar ohne jeglichen Grund auf den Boden spucken. Eventuell hat sich hier ein alter Brauch erhalten, auch wenn die Spucker längst nicht mehr wissen, warum sie das tun.

Torschlusspanik haben

Im Mittelalter waren die Städte durch dicke Mauern und gewaltige Tore vor Diebesbanden und sonstigen Verbrechern geschützt. Jeden Abend zu einer bestimmten festgelegten Uhrzeit wurden die Tore geschlossen, und ab diesem Moment war es schwierig, in die Stadt hineinzukommen. Erschien man zu spät, so konnte nur noch mit etwas Glück der Nachtwächter auf einen aufmerksam gemacht werden, damit dieser einen erkannte und in die Stadt hineinließ. War das nicht der Fall, so musste man die Nacht vor den Toren der Stadt im Freien verbringen.

Auf diesen historischen Wurzeln basierend denken wir heutzutage bei dem Begriff *Torschlusspanik* vor allem an Frauen und Männer, die ab einem gewissen Alter noch immer unverheiratet und kinderlos sind und dementsprechend eine gewisse Panik entwickeln, keinen Partner mehr in diesem Leben abzubekommen.

Treib es nicht zu bunt!

Aus religiösen Gründen sollten die Menschen des frühen Mittelalters gemäß kirchlicher Anordnung nur einfarbige Kleidung in dunklen Tönen wie grau, braun oder blau tragen. Verstieß man gegen diese Anordnung, so wurde dies als überheblich und gegen die Regeln verstoßend betrachtet. Bis heute treibt es eine Person *zu bunt*, wenn sie es übertreibt und damit aus den gesellschaftlichen Verhaltensnormen ausbricht.

Bunt leitet sich übrigens von dem im Klosterleben benutzten Begriff *punctus* ab, womit schwarzes Stickwerk auf weißem Tuch gemeint war. Somit verstand man unter *bunter* Kleidung zunächst nur schwarz-weiße Kleidung, im Gegensatz zu einfarbigen Kleidungsstücken. Als *Buntwerk* bezeichneten die Mönche gefleckten oder gestreiften Pelz.

Erst der Ausdruck *kunterbunt* umfasste mehr Farben als zwei. Später, im 14. Jahrhundert, nahm die Bezeichnung *bunt* die heutige Bedeutung von mehreren Farben gleichzeitig an.

Über die Stränge schlagen

Zugstränge verbinden das ziehende Pferd mit der Kutsche oder dem Transportwagen. Hatte das Pferd keine große Lust mehr und war genervt von dem ständigen mühevollen Herumziehen, so bockte es auf und schlug mit den Hinterbeinen wild um sich. Es trat dann über die Zugstränge seines Geschirrs hinaus, und schlug buchstäblich *über die Stränge*. Bis heute benutzen wir die Redewendung, wenn eine Person zu weit geht, es übertreibt, oder zu heftig gefeiert und getrunken hat.

Übers Ohr hauen

Eine Redewendung, die der Fechtersprache früherer Jahrhunderte entstammt. Traf der eine Fechter den anderen während eines Duells am oberen Rand des Ohrs, so hatte er seinen Gegner *übers Ohr gehauen*. Dies stellte zwar eine Regelverletzung dar, wurde aufgrund des schwierig zu treffenden Ziels aber dennoch als trickreich und kunstvoll angesehen. Bis heute hat sich der Spruch in unserer Sprache erhalten, wenn eine Person die andere betrügt, und dabei besonders listig und unerwartet vorgeht.

Umgekehrt wird ein Schuh daraus

Fertigte in vergangenen Zeiten ein Schuster einen handgemachten Schuh, so musste er zunächst die vorgeschnittenen Lederteile mit Nähten zusammennähen. Das geschah falsch herum, das heißt, die Innenseiten waren nach außen gestülpt. Hatte er alles fertig genäht, so stülpte er den Schuh zurück. Dementsprechend hieß die Redewendung früher *Kehr's um, dann wird ein Schuh daraus* und meinte, dass man eine Sache völlig falsch angepackt habe und nun die Vorgehensweise ändern müsse.

Wenn wir schon einmal beim Schuster sind: Die häufigste Schuhfarbe war damals schwarz, und da deshalb so gut wie alle in schwarzen Schuhen herumliefen, setzte man diese scherzhaft mit schwarzen Pferden, den *Rappen*, gleich. Wer zu Fuß unterwegs war, der ging *auf Schusters Rappen*.

Unbescholten sein

Ist eine Person *unbescholten*, so hat sie sich bislang nichts zuschulden kommen lassen und weist einen dementsprechend guten Ruf auf. Die Bezeichnung findet ihren Ursprung im *Scheltbrief* des späten Mittelalters. In einem solchen Brief konnte ein gewöhnlicher Bürger, ein Adeliger oder sogar ein Fürst schriftlich oder durch Bilder negativ mit einem Schuldvorwurf dargestellt werden, er galt dann als *bescholten*. Derjenige, der den Vorwurf erhob, heftete diesen Brief an den Pranger in der Dorfmitte, an die Rathaustür, an die Kirche oder an andere zentrale Plätze. Anschließend hatte der Beschuldigte die Aufgabe, sich in einem Gerichtsverfahren von dem Schuldvorwurf zu lösen. Gewann er den Prozess, so war seine Unschuld bewiesen und er galt wieder als *unbescholten*.

Unter aller Kanone

In den Schulen des 19. Jahrhunderts trug die Notenskala die lateinische Bezeichnung *Canon*. Schnitt ein Schüler in einem Test besonders schlecht ab, so schrieb der Lehrer als Bewertung *sub omni canone* auf die Arbeit. Gemeint war damit *unterhalb aller Wertung*, der Schüler war sogar schlechter als es die Notenskala hergab. Schüler verstehen zum Glück Spaß und übersetzten diesen lateinischen Ausdruck locker mit *Unter aller Kanone* ins Deutsche. Bis in unsere heutigen Tage hat sich diese Redewendung für besonders schlechte Ergebnisse im allgemeinen Sprachgebrauch erhalten.

Unter aller Sau

Ist etwas *unter aller Sau*, so ist es wirklich sehr schlecht. So schön die Vorstellung auch klingt, dass das beurteilte Objekt unter einem dicken fetten Schwein läge, mit dem rosa Borstenvieh hat das ganze nichts zu tun. Tatsächlich stammt der Spruch von dem jiddischen Begriff *seo* ab, was so viel wie *Maßstab* hieß. War etwas *unter jeglichem seo*, so wurde es keinem Maßstab gerecht, es war einfach zu schlecht. Der Volksmund wandelte *seo* schließlich zu *Sau* ab, vermutlich weil die Vorstellung schöner ist, etwas schlechtes läge unter einem Schwein und sei damit noch niedriger zu bewerten als das sich im Schlamm herumwälzende Tier.

Unter Dach und Fach

Fach ist ein alter Ausdruck für die *Wand* eines Hauses. *Etwas unter Dach und Fach bringen* bedeutet daher, etwas in sein Haus zu schaffen, so dass es sicher aufbewahrt werden kann. Meist meinte man damit früher die Ernte. Bis heute wird diese Redewendung genutzt, wenn etwas endlich vollendet werden soll.

Aus dem Wort *Fach* heraus entwickelte sich das *Fachwerk* bzw. das *Fachwerkhaus*. Diese meist sehr hübschen Häuser weisen an den Außenwänden Verstrebungen aus Holzbalken auf, wobei die Räume zwischen den Balken mit Astgeflecht und Lehm aufgefüllt wurden.

Unter die Haube kommen

Zurück geht dieser Spruch auf die jahrhundertelange Tradition in Deutschland, dass Frauen ab dem Zeitpunkt der Heirat eine Kopfbedeckung trugen, meist in Form eines Kopftuches oder einer Stoffhaube. Bereits zu Zeiten der alten Germanen stellte das Haar der Frau ein Symbol für die Jungfräulichkeit dar. Bis zur Eheschließung konnte die Frau ihre Haare offen tragen, ab dem Zeitpunkt der Heirat wurde das Haar verdeckt. Diese Tradition setzte sich in das christlich geprägte Mittelalter über einen langen Zeitraum hinweg fort, erst im 20. Jahrhundert kam man allmählich davon ab. Bis heute hat sich die Redewendung *Unter die Haube kommen* erhalten, wenn geheiratet wird.

Unter einer Decke stecken

Steckt man mit jemandem *unter einer Decke*, so vertraut man dieser Person und macht mit ihr gemeinsame Sachen, die mit einem Fremden nicht möglich wären.

Zurück geht jene Redewendung auf die Zeiten im Mittelalter, als eine Eheschließung erst dann als vollzogen galt, wenn Mann und Frau unter Augenzeugen gemeinsam in ein Bett stiegen und sich zudecken ließen. Von da an *steckten die beiden unter einer Decke*, waren also zusammengehörig und mussten sich gegenseitig vertrauen.

Unter der Fuchtel von jemandem stehen

Fuchtel ist der alte Ausdruck für eine bestimmte Degenform früherer Zeiten. Und genau dieser Degen war damals ein Symbol für soldatische Strenge, später dann auch für die allgemeine Zucht und Ordnung. Denn dieser Degen wies die Besonderheit auf, dass seine Klinge sehr flach war, so dass damit gut Schläge ausgeteilt werden konnten, ohne gleich mit der scharfen Klinge zu verletzen.

Verflixt und zugenäht

Verflixt ist eine frühere Bezeichnung für *verflucht*. In Verbindung mit dem Wort *zugenäht* soll der Fluch verstärkt zum Ausdruck gebracht werden. Zurückzuführen ist das auf die Studentensprache, als sich die Studenten noch in Burschenschaften vereint gegenseitig beim Fechten duelliert haben. Das Fluchen der Studenten, wenn sie beim Fechten verletzt wurden, und die Notwendigkeit des anschließenden Zunähens der Wunde führten schließlich zu der Kombination aus *verflixt und zugenäht*.

Viel Aufhebens um etwas machen

In früheren Fechtkämpfen legten die Duellanten ihre Waffen zunächst auf den Boden neben sich, um sie dann kurz vor dem Kampf mit imponierenden Gesten aufzuheben und den Kampf zu beginnen. Im Rahmen dieser Zeremonie konnten die Fechter es nicht lassen, den Gegner zu beleidigen oder zu beschimpfen und sich selbst in den besten Tönen darzustellen. Daraus entwickelte sich die bis heute gebräuchliche Redewendung, dass *man nicht so viel Aufhebens um etwas machen soll*, wenn eine Person viel zu übertrieben und prahlerisch von einer Sache erzählt.

Viel Gedöns machen

Im mittelalterlichen Deutsch existierte das Wort *gedense*, was dem heutigen *hin- und herziehen*, *herumziehen* und *Gezerre* entsprach. Daraus entstand im Laufe der Zeit das bis heute gebräuchliche *Gedöns*, welches immer dann zum Einsatz kommt, wenn eine Person wegen einer bestimmten Sache einen übertriebenen Aufwand betreibt, sich nicht entscheiden kann und nicht so recht zum Ziel kommt.

Vierblättriger Klee bringt Glück

Finden wir ein vierblättriges Kleeblatt, so freuen wir uns und hoffen auf Glück. Woher kommt diese Annahme, dass dreiblättrige normale Kleeblätter kein Glück bringen, ein vierblättriges aber schon? Sicherlich hängt das damit zusammen, dass vierblättrige Kleeblätter sehr selten zu finden sind. Der Brauch geht aber viele Jahrhunderte zurück: Bereits im Mittelalter herrschte die Annahme, dass es im Garten Eden ausschließlich Klee mit vier Blättern gegeben habe. Man vermutete, dass Eva bei ihrer Vertreibung ein einzelnes vierblättriges Kleeblatt aus dem Paradies mitnahm. Fand sich nun ein solches zwischen all den tausenden normalen Kleeblättern, so sah der mittelalterliche Mensch darin ein Geschenk Gottes, einen Hinweis auf das Paradies, eine Reminiszenz an den vergangenen Gottesgarden. Die Vermutung lag nahe, dass Gott einem mit dem Fund ein Zeichen geben wollte, und das war natürlich das höchste Glück. Andere Stimmen behaupten, dass es alleine durch seine vier Blätter dem christlichen Jesuskreuz ähnelt und deswegen Glück bringen müsse.

Vom Hundertsten ins Tausendste kommen

Die Menschen des Mittelalters verzichteten aus unbekannten Gründen konsequent auf den Einsatz eines Taschenrechners, also mussten andere Methoden zur Durchführung von Berechnungen gefunden werden. Gerne bediente man sich eines Rechenbrettes, auf dem Linien und Kästchen eingezeichnet waren.

Mit diesen, und der Hilfe von Rechenpfennigen, die auf die entsprechenden Stellen des Brettes gesetzt werden konnten, waren umfangreiche Kalkulationen möglich. Stieß man jedoch gegen das Brett, so konnten die Rechenpfennige verrutschen, und die ganze Arbeit war umsonst.

Aus dieser Zeit stammt die Redensart *Vom Hundertsten ins Tausende kommen*, wenn einer der Rechenpfennige vom Hunderter-Feld in das daneben liegende Tausender-Feld verrutschte. Heute meint man mit der Redewendung, dass man immer mehr vom Thema abkommt, weil man sich in zu kleinen Details verliert. Das passt, denn durch die vom korrekten Platz abgekommenen Rechenpfennige verlor der Rechnende natürlich den Weg zu einem stimmigen Endergebnis.

Vom Saulus zum Paulus werden

Saulus war ein römischer Bürger, der Jesus nie persönlich kannte. Dennoch erfuhr ihm eine wundersame Bekehrung vom Christenjäger Saulus zum frommen Paulus, einem glühenden Verfechter der neuen Lehre. Wandelt sich ein zunächst böser Mensch plötzlich und wie aus dem Nichts in einen guten, so sagt man, *er wurde vom Saulus zum Paulus.*

Von allen guten Geistern verlassen sein

Früher glaubte man, dass jeder Mensch von einem oder mehreren Schutzengeln begleitet wurde. Unternahm eine Person plötzlich ganz seltsame, gefährliche, oder waghalsige Dinge, so hatte man den Eindruck, dass diese von ihrem Schutzengel verlassen wurde. Die Mitmenschen fragten sich, ob die Person vielleicht *von ihren guten Geistern verlassen wurde.*

Von langer Hand geplant

Die *lange Hand* ist eine Begrifflichkeit, die noch aus dem Mittelalter stammt und symbolisieren soll, dass eine bestimmte Person sehr viel Macht in den Händen hält. Durch zahlreiche Untergebene wird diese Hand noch einmal verlängert, da diese auf Befehl des Herrn zum Einsatz gezwungen werden konnten. So galt bereits damals die Redewendung, dass ein König, Kaiser oder einfach nur ein Herrscher *lange Hände* habe.

Plant man etwas *von langer Hand*, so meint man heutzutage damit, dass eine Sache über einen längeren Zeitraum sehr gründlich ausgedacht wurde. In dem Spruch schwingt ein wenig Negativität mit, denn meist dienen solche Planungen dem Nachteil anderer. Das mag darauf zurückzuführen sein, dass die Untertanen früher eher zu ihrem Nachteil und zum Vorteil des Herrschers benutzt wurden, es also eher um dessen Interessen ging als Annehmlichkeiten unter das Volk zu bringen.

Von Tuten und Blasen keine Ahnung haben

Im Mittelalter galt der Beruf des Nachtwächters als äußerst gering angesehen, da seine einzige Aufgabe darin bestand, nachts durch die Gassen der Stadt umherzulaufen und bei Gefahr in sein Horn zu blasen. Selbst minderbemittelte Zeitgenossen konnten diesen Beruf ohne größere Probleme ausüben. War aber jemand selbst hierfür noch zu dumm, so war er anscheinend für überhaupt nichts zu gebrauchen, er wusste nichts, er konnte nichts, er hatte *von Tuten und Blasen keine Ahnung.*

Vor die Hunde gehen

Bergleute bezeichnen einen kleinen Transportwagen, der auf Schienen ins Bergwerk gezogen oder geschoben wurde, als *Hunt*, in der Mehrzahl als *Hunte*. Da das in früheren Zeiten, ohne elektrischen Zugwagen, in erster Linie noch Handarbeit war, stellte diese Aufgabe eine eher undankbare und schweißtreibende dar. Diejenigen, die *vor die Hunte gehen* mussten, um die Kohle aus dem Berg zu ziehen, hatten wahrlich keinen einfachen Job.

Der Volksmund machte aus den *Hunten* dann die *Hunde*, so dass wir heutzutage nach wie vor *vor die Hunde gehen*, wenn es uns wirklich schlecht geht.

Was für ein Wucher!

Im Mittelalter hatte das Wort *Wucher* noch die Bedeutung *Zinsen* und *Ertrag*. Da die christliche Kirche die Erhebung von Zinsen als verwerflich betrachtete, erhielt der Begriff mit der Zeit immer mehr einen negativen Beigeschmack. Heutzutage steht der Wucher sogar im Bürgerlichen Gesetzbuch (BGB) und kann einen Vertragsschluss zunichte machen. So heißt es dort: *Nichtig ist ein Rechtsgeschäft, durch das jemand unter Ausbeutung der Zwangslage, der Unerfahrenheit, des Mangels an Urteilsvermögen oder der erheblichen Willensschwäche eines anderen sich oder einem Dritten für eine Leistung Vermögensvorteile versprechen oder gewähren lässt, die in einem auffälligen Missverhältnis zu der Leistung stehen.*

Was geht mich dein Kram an?

Kram hat seinen Ursprung im althochdeutschen Wort *Chram* und stand damals für den Marktstand eines Händlers, aber auch für die von ihm angebotene Ware. Daraus leitete sich schließlich die Berufsbezeichnung *Krämer* ab, eine Person die Kram verkauft.

Seine negativ besetzte Bedeutung hatte der Begriff damals noch nicht, dieser schlich sich erst im Laufe der Zeit in unser Sprachverständnis ein. In vielen Gegenden Deutschlands tragen so manche Personen bis heute den Familiennamen *Krämer*, was darauf hindeutet, dass ihre Vorfahren einmal fahrende Händler waren, die mit allerlei *Kram* handelten.

Eine andere alte Bezeichnung für den Handel mit *Kram* war übrigens *trödeln*. In diesem heute nicht mehr gebräuchlichen Wort liegt der Ursprung für den *Trödelmarkt*.

Wie bei Hempels unterm Sofa

In mittelalterlichen Jahrhunderten gab es die Bezeichnung *Hampel* für Personen, die sehr einfach gestrickt waren, keine Ordnung hielten, jeglicher Kultur fernblieben und nicht besonders schlau waren. Ein Überbleibsel aus diesem alten Wort ist bis heute der *Hampelmann*. Aus *Hampel* entwickelte sich im Laufe der Zeit *Hempel*, und so kam es schließlich zu der Redewendung.

Auch das Schimpfwort *Proll* für ungebildete dumme Personen entstammt einem sehr alten Begriff. Hier geht die Suche zurück in das lateinische Rom, wo die Unterschicht als *proles* bezeichnet wurde. Im Prinzip bedeutete *proles* so viel wie *Nachkommen*, und da haben wir den entscheidenden Punkt schon ausfindig gemacht, denn die ärmeren Römer konnten als einzigen Reichtum ihre zahlreichen Kinder aufweisen. Aus *proles* entwickelte sich schließlich die deutsche Bezeichnung *Proletarier*, *Prolet* und *Proll*.

Wie von der Tarantel gestochen

Im Mittelalter hatten Ärzte die Theorie, dass die von einer Spinne gebissene Person so heftig wie möglich tanzen oder herumhüpfen müsse. Durch die Bewegung würde das Gift früher oder später wieder aus dem Körper entweichen. So konnte der geneigte Beobachter immer mal wieder ein armes Spinnenopfer beobachten, das wie wild herumtollte.

Auch fahrende Ärzte, die ihre Dienstleistungen auf Marktplätzen anboten, erteilten diesen Rat. Kam ein Gebissener zum Arzt, und erfuhr die für ihn einschlägige Heilmethode, so setzte er hüpfend und tanzend seinen Weg fort. Natürlich blieb er dabei nicht unbeobachtet, die Straßen und Gassen des Mittelalters waren voll mit neugierigen Menschen. Kein Wunder, dass sich der Spruch *Er springt wie von der Tarantel gestochen herum* etablieren konnte.

Das geschah vor allem im südlichen Europa, auch hier gab es das Mittelalter. Giftige Spinnen waren dort anzutreffen, während sie im nördlicheren Europa eher selten sind. Wieso die Redewendung gerade auf die Tarantel zurückgreift ist ungeklärt, denn der Biss einer Tarantel ist ungiftig.

Möglicherweise beruht dies schlicht auf einer Verwechslung der Spinnen, und man meinte eigentlich die schwarze Witwe mit ihren sehr giftigen Bissen. Sonst hieße der Spruch heute *Wie von der Witwe gestochen* und würde damit noch ganz andere Assoziationen wecken.

Wirf nicht die Flinte ins Korn!

Sagen wir zu einer Person, dass sie bloß nicht *die Flinte ins Korn werfen* soll, so geben wir ihr zu verstehen, dass sie auf keinen Fall aufgeben darf. Ihren Ursprung findet diese Redewendung in den

Kriegsschlachten des 17. und 18. Jahrhunderts, als Gewehre benutzt wurden, die einen Flintstein zum Auslösen des Zündfunkens besaßen. In diesen Zeiten wurden besonders häufig Söldner eingesetzt, also angeworbene bezahlte Soldaten. Denen ging es verständlicherweise in erster Linie um ihr Geld, nicht aber um das Erreichen eines für sie unwichtigen oder sogar unbekannten Kriegsziels. Zeigte sich während des Kampfes, dass die eigene Seite zu unterliegen drohte, gaben viele Söldner einfach auf und liefen davon. Zuvor warfen sie ihre Flinte weg und versteckten sich dann in den umliegenden Getreidefeldern, so dass der Ausdruck *Flinte ins Korn werfen* als Synonym für *aufgeben* entstand.

Das Getreidekorn musste übrigens immer wieder für die Bildung von Redewendungen herhalten, vermutlich weil es damals wie heute eines der Grundnahrungsmittel der Menschen war. So gibt es bis heute den Spruch *Jemanden aufs Korn nehmen*, wenn man eine Person zielgerichtet genau beäugt, sie kritisiert oder sogar veralbert und Scherze mit ihr treibt. Seinen Ursprung findet dies in dem kleinen Stück, das vorne auf dem Gewehrlauf angebracht war. Es wurde zunächst als *Korn* bezeichnet, da es diesem sehr ähnlich sah. Zielte der Schütze auf etwas, so musste das Ziel direkt über dem Korn liegen, damit er es traf.

Wo ist da der Haken?

Wird uns ein verdächtig gut klingendes Angebot unterbreitet, so fragen wir oft nach, wo denn da *der Haken sei*. Diese Redewendung kommt aus der Anglersprache, denn der Haken, der sich am Ende der Angelschnur befindet, wird meist durch einen Köder für den Fisch unsichtbar versteckt. Erst nachdem der Fisch angebissen hat, merkt er, dass der Leckerbissen *einen Haken hatte*.

Wonnemonat Mai

Als *Wonne* wird ein Zustand bezeichnet, in dem man große Zufriedenheit und Wohlbehagen empfindet. Nun könnte man meinen, der Mai werde als Wonnemonat bezeichnet, weil man sich aufgrund des nun langsam beginnenden Sommers besonders gut fühlt.

Fast. Tatsächlich geht es bei der Herkunft der Bezeichnung um Kühe. Die Wortwahl *Wonnemonat* leitet sich aus *Weidemonat* her, denn im Mai darf das Vieh endlich wieder auf die Weide, nachdem es den Winter im Stall verbringen musste. Für die Kühe sicherlich ein Zustand größten Wohlbehagens. Der Name für den Monat Mai kommt übrigens vom Frühligsgott *Jupiter Maius*.

Zahl 13 bringt Pech

Dass die Zahl 13 angeblich Pech bringt, stammt aus der Bibel. Beim letzten Abendmahl saßen 13 Personen am Tisch, und als Nummer 13 wird der Verräter Judas gezählt. Die 13. Person brachte Jesus Pech, denn Judas war zwar ein Jünger Jesu, hat diesen aber dreimalig geleugnet und an die Römer verraten, so dass die Zahl bis heute als Unglückszahl angesehen wird.

Hotels haben keinen 13. Stock, und Flugzeuge keine Reihe mit der Nummer 13. Da Jesus angeblich an einem Freitag starb, hat sich insbesondere *Freitag der 13.* als Synonym für einen wirklich unheilvollen Tag unter der Christenheit eingebürgert.

Es gibt aber auch noch andere Erklärungen, warum ausgerechnet die 13 von uns als Unglückszahl angesehen wird. Eine davon geht sogar auf römische Wurzeln zurück: Zu Zeiten der Germanen wurde das Jahr noch in 13 Mondmonate aufgeteilt, denn der Zeitraum von einem Vollmond zum nächsten beträgt 28 Tage. Das gefiel den Germanen, es war die Glückszahl der Liebes- und Fruchtbarkeitsgöttin *Freya*, der Namensgeberin unseres Freitags.

Als dann die Römer in Germanien eindrangen war es vorbei mit den 13 Mondmonaten, die Römer drängten den Germanen ihren Sonnenkalender mit zwölf Monaten auf. Damit die Umstellung auf die neue Zeitrechnung etwas beschleunigt wurde, sagten die Römer den Germanen, dass die 13 ab jetzt eine Unglückszahl sei und unbedingt gemieden werden müsse. Viel Wahl hatten die Germanen nicht, die Römer waren an der Macht, und es musste getan werden was diese sagten. So erhielt sich die neue Erkenntnis, die 13 blieb bis heute für viele eine Unglückszahl.

Aus dieser Furcht vor der Zahl 13 heraus sind viele Redewendungen und Ausdrücke entstanden, beispielsweise der Ausruf *Jetzt schlägts 13*, wenn man zur Kenntnis geben möchte, dass man über einen bestimmten Umstand sehr erstaunt ist und diesen kaum für möglich halten kann. Denn eine Uhr kann maximal die zwölfte Stunde schlagen, eine 13. Stunde existiert nicht und stellt damit etwas absolut unmögliches dar.

Zieh Leine!

Ist eine Person unerwünscht, so kann es sein, dass sie mit einem kräftigen *Zieh Leine!* davongejagd wird. Der Spruch geht auf die Binnenschifffahrt in früheren Jahrhunderten zurück, als Schiffe noch nicht über Bordmotoren verfügten, sondern per Paddel oder Segel bewegt werden mussten.

Teilweise stieß man in diesen Zeiten auf eine weitere Fortbewegungsart für Schiffe, bei der diese mit Hilfe eines Seils am Ufer entlang gezogen wurden. Hierzu warf der Kapitän eine Leine an den am Ufer stehenden Mann und schrie ihm ein *Zieh Leine!* entgegen. Der Mann am Ufer, auch *Schiffszieher* oder *Schiffsleinenzieher* genannt, band nun die Leine an ein Pferdegespann, welches das Schiff den Flusslauf entgegen der Strömung am uferseitigen *Leinenweg* entlangzog. Mit Sicherheit eine für die Schiffsbesatzung recht angenehme Fortbewegungsmethode, da diese sich nun entspannt in den Liegestuhl legen und den Pferden bei ihrer Arbeit zusehen konnte.

Wie dem auch sei, der Ausruf *Zieh Leine!* bedeutete, dass die zugerufene Person sich in Bewegung setzen und loslaufen sollte. Mit der Zeit verselbstständigte sich der Ausdruck und wurde zu einem Synonym für *Hau endlich ab!*

Zünglein an der Waage

Bei den früher gebräuchlichen Balkenwaagen (das sind solche, von denen beispielsweise die Göttin Justitia eine in der linken Hand hält) gab es Modelle, die in der Mitte des Balkens, der zwischen den beiden Waagschalen verlief, einen nach oben gerichteten Zeiger hatten. Dieser Zeiger wurde als *Zünglein* bezeichnet. Anhand jenes Zeigers konnte überprüft werden, ob die Waage im leeren Zustand exakt gleich ausgerichtet war, also weder die eine noch die andere Schale schwerer war. Nun gab es manchmal Fehlkonstruktionen, bei denen dieser Zeiger nicht neutral in der Mitte saß, sondern sein Gewicht unbeabsichtigt auf eine der beiden Seiten legte. Der Zeiger veränderte dann die Korrektheit des Wiegevorgangs, das *Zünglein an der Waage* verfälschte das Ergebnis.

Zwischen den Zeilen

Im Mittelalter schrieb man zumeist noch in lateinischer Sprache. Zum besseren Textverständnis wurde manchmal über dem lateinischen Wort oder Satz eine deutsche Übersetzung hingeschrieben, etwa dann, wenn es sich um eine besonders schwierige Textpassage handelte oder es mehrdeutige Übersetzungsmöglichkeiten gab. Das über dem lateinischen Begriff befindliche deutsche Wort, das optisch *zwischen den Zeilen* des Textes stand, half dem Leser dann, sich im Text zurechtzufinden bzw. die eigentliche Intention des Schreibers verstehen zu können.

Literaturverzeichnis & Quellenangaben

Gutknecht, Christoph: „Lauter böhmische Dörfer – Wie die Wörter zu Ihrer Bedeutung kamen" C.H. Beck, 2009
Gutknecht, Christoph: „Pustekuchen! Lauter kulinarische Wortgeschichten", C.H. Beck 2005
Gutknecht, Christoph: „Von Treppenwitz bis Sauregurkenzeit – Die verrücktesten Wörter im Deutschen", Ch.H. Beck, 2008
Internetseiten wikipedia.org, wiktionary.org, duden.de, geo.de, redensarten-index.de, redensarten.net, sprichwoerter-redewendungen.de und sprichwoerter.woxikon.de
Kluge, Friedrich: „Etymologisches Wörterbuch der deutschen Sprache", Verlag De Gruyter 2002
Knopp, Guido: „Die Deutschen – Vom Mittelalter bis zum 20. Jahrhundert", Goldmann 2009
Köster, Rudolf: „Wer hat den Teufel an die Wand gemalt? - Redensarten – wo sie herkommen, was sie bedeuten", Dudenverlag, 2014
Krause, Jochen: „Klappe zu, Affe tot – Woher unsere Redewendungen kommen", Rowohlt 2014
Legros, Waltraud: „Was die Wörter erzählen – Eine kleine etymologische Fundgrube", dtv 2003
P.M. Frage & Antwort (diverse Magazine und Jahrgänge)
P.M. History (diverse Magazine und Jahrgänge)
P.M. Magazin (diverse Magazine und Jahrgänge)
Schmieder, Felicitas: „Die mittelalterliche Stadt", WBG 2005
Schubert, Ernst: „Fress- und Sauffgrewel – Was man im Mittelalter aß und trank" WBG, 2005
Vogt, Martin: „Deutsche Geschichte – Von den Anfängen bis zur Gegenwart" Fischer Taschenbuch Verlag 2006
Wagner, Gerhard: „Schwein gehabt! Redewendungen des Mittelalters", Regionalia Verlag 2014
Wagner, Gerhard: „Wer's glaubt wird selig! - Redewendungen aus der Bibel", Regionalia Verlag 2012

Inhaltsverzeichnis

Ab durch die Mitte!..7
Abgebrüht sein...8
Abgespannt sein...8
Ach du grüne Neune!..9
Alle Register ziehen..9
Alles in Butter..9
Alter Schwede!...10
Am Hungertuch nagen..10
Am Katzentisch sitzen..11
An die große Glocke hängen..............................12
April, April!...12
Arm wie eine Kirchenmaus.................................13
Auf dem Holzweg sein..13
Auf dem Strich gehen...13
Auf den Hund kommen.......................................14
Auf den Plan treten..14
Auf den Schlips treten..14
Auf die hohe Kante legen...................................15
Auf Draht sein..15
Aufgedonnert sein..15
Auf großem Fuße leben......................................16
Auf Heller und Pfennig 16
Auf jemanden große Stücke halten....................16
Aufpassen wie ein Schießhund..........................16
Aufsässig sein..17
Aus dem Stegreif..17
Ausgekocht sein...17
Auf Tuchfühlung gehen.......................................17
Auge um Auge, Zahn um Zahn..........................18
Aus dem Häuschen sein....................................18
Aus dem Staub machen.....................................19
Aus der Patsche helfen......................................19
Aus dem Ärmel schütteln....................................19
Bäuerchen machen..20
Bauklötze staunen...20
Beleidigte Leberwurst..20
Binsenweisheiten erzählen................................21
Bis in die Puppen...21
Blau machen..22
Bock haben..22
Brandschatzend herumziehen...........................22
Büchse der Pandora..23
Da bist du aber schief gewickelt........................23
Da hast Du Pech gehabt....................................24
Damit lässt sich kein Staat machen...................24
Das Ei des Kolumbus...25
Das geht auf keine Kuhhaut...............................25
Das Heft in der Hand halten...............................26
Das ist mir Schnuppe...26
Das ist mir Wurst..27
Das ist kein Pappenstiel.....................................27
Das kann kein Schwein lesen............................27
Das kommt mir spanisch vor..............................28
Das schlägt dem Fass den Boden aus 28
Das Wasser abgraben.......................................29
Den inneren Schweinehund überwinden...........29
Den Nagel auf den Kopf treffen..........................30
Den Prügelknaben spielen.................................30
Den Spieß umdrehen...30
Den Stuhl vor die Tür stellen..............................31
Der Haussegen hängt schief.............................31
Der springende Punkt..32
Die Gelegenheit beim Schopf packen...............32
Die Gretchenfrage stellen..................................32
Die Kastanien aus dem Feuer holen.................33
Die Katze im Sack kaufen..................................33
Die Kirche im Dorf lassen...................................34
Die Kurve kratzen...34
Die Zeche prellen...35
Drakonische Strafen..35
Du Bastard!..36
Du hast doch einen Vogel..................................36
Durch Abwesenheit glänzen..............................36

Durch dick und dünn..37
Dusel haben...37
Ein Auge riskieren..37
Ein Brett vor dem Kopf haben............................37
Ein Buch aufschlagen..38
Ein Halligalli veranstalten...................................38
Eine Abfuhr erteilen...38
Eine Galgenfrist geben......................................38
Eine Macke haben..39
Einen Bärendienst erweisen..............................39
Einen Denkzettel verpassen..............................39
Eine Eselsbrücke bauen....................................40
Einen guten Schnitt machen..............................40
Einen Kater haben...40
Einen Korb bekommen......................................41
Einen Obolus entrichten....................................41
Einen Ohrwurm haben.......................................42
Einen Vorwurf machen.......................................42
Einen Zahn zulegen...42
Einer Frau den Hof machen...............................43
Eine Standpauke halten.....................................43
Einmal ist keinmal..43
Ein Schwerenöter sein.......................................44
Ein Tabu brechen...44
Ein X für ein U vormachen.................................45
Er hat es faustdick hinter den Ohren.................45
Erledigtes abhaken..45
Er lügt wie gedruckt...46
Er kann mir nicht das Wasser reichen 46
Es brennt mir auf den Nägeln............................46
Etwas abknöpfen..47
Etwas abkupfern..47
Etwas auf dem Kerbholz haben.........................47
Etwas auf die lange Bank schieben...................48
Etwas auf Vordermann bringen.........................48
Etwas ausbaden müssen...................................49
Etwas aus dem Hut ziehen................................49
Etwas ausmerzen...49
Etwas durch die Lappen gehen lassen 50
Etwas halten wie ein Dachdecker......................50
Etwas hat Hand und Fuß...................................51
Etwas im Schilde führen....................................51
Etwas in petto haben...51
Etwas ist nicht ganz koscher.............................51
Etwas springen lassen......................................52
Etwas unverblümt sagen...................................52
Etwas verbockt haben.......................................52
Eulen nach Athen tragen...................................53
Falscher Fuffziger..53
Fazit ziehen...53
Firlefanz veranstalten..53
Flagge zeigen..54
Für jemanden die Hand ins Feuer legen...........55
Furore machen..55
Gefahr im Verzug..55
Geld auf den Kopf hauen...................................55
Geld herausschlagen...56
Geld stinkt nicht...56
Geschniegelt und gestriegelt.............................56
Gewappnet sein...57
Guten Rutsch!...57
Hals- und Beinbruch!...57
Haltet die Ohren steif!..58
Hieb- und Stichfest..58
Hinter schwedischen Gardinen sitzen...............58
Hinz und Kunz...58
Höchste Eisenbahn...59
Höflich sein..59
Holzauge sei wachsam......................................60
Ich bin geliefert..60
Ich bin total baff...61
Ich drück Dir die Daumen..................................61
Ich fühle mich wie gerädert................................61

Ich kenne meine Pappenheimer	62
Ich versteh' nur Bahnhof	62
Im Dunkeln ist gut munkeln	63
Im Halse stecken bleiben	63
Im Stich lassen	65
In die Bredouille geraten	65
In die Schranken weisen	65
In die Zange nehmen	66
Ins Fettnäpfchen treten	67
Ins Gras beißen	67
In See stechen	68
Ins Hintertreffen geraten	68
Jemanden abblitzen lassen	69
Jemanden abspeisen	69
Jemanden am Schlafittchen packen	70
Jemanden an der Nase herumführen	70
Jemanden auf dem Kieker haben	70
Jemandem auf die Schliche kommen	71
Jemanden ausstechen	71
Jemandem das Handwerk legen	71
Jemandem den Garaus machen	71
Jemandem den Laufpass geben	72
Jemandem die Stange halten	72
Jemanden durch den Kakao ziehen	73
Jemandem eine Harke zeigen	73
Jemandem ein Schnippchen schlagen	74
Jemandem etwas in die Schuhe schieben	74
Jemanden hänseln	74
Jemanden in flagranti erwischen	75
Jemandem Paroli bieten	75
Jemanden zur Minna machen	75
Jemanden zur Sau machen	76
Keinen Deut besser	76
Keinen Pfifferling wert	76
Kein Sterbenswörtchen sagen	76
Klappern gehört zum Handwerk	76
Klopf auf Holz!	77
Kohldampf haben	77
Kuddelmuddel	78
Lass uns abhauen!	78
Leben wie im Schlaraffenland	78
Leichter geht ein Kamel durch ein Nadelöhr	79
Leviten lesen	79
Mach doch kein Geplänkel	80
Mal nicht den Teufel an die Wand!	80
Mein lieber Scholli!	81
Mein Name ist Hase, ich weiß von nichts	81
Mit allen Schikanen	81
Mit dem ist nicht gut Kirschen essen	82
Mit Fug und Recht	82
Mit gleicher Münze heimzahlen	82
Mit Haut und Haar	82
Mit jemandem zurande kommen	84
Mit Kind und Kegel	84
Mumm in den Knochen haben	84
Mumpitz	85
Mundtot machen	85
Nach Adam Riese	85
Nach einer Devise leben	86
Nicht alle Tassen im Schrank haben	86
Nicht für lau zu haben	86
Nicht lange fackeln!	86
Nicht von Pappe sein	86
Nullachtfünfzehn	87
Oberwasser bekommen	87
Piekfein sein	87
Platonische Liebe	88
Pleite gehen	88
Ränke schmieden	88
Recht und billig	89
Rede kein Kokolores!	89
Reibach machen	89
Sang- und klanglos	89
Sankt-Nimmerleins-Tag	90
Seine Schäfchen ins Trockene bringen	90
Schema F	91
Scherflein beitragen	91
Schindluder treiben	91
Schlitzohr	92
Schmiergeld zahlen	92
Schnurstracks	93
Schornsteinfeger bringen Glück	93
Schreib Dir das hinter die Ohren!	93
Schwarze Katzen bringen Pech	94
Schwein gehabt!	94
Schwert des Damokles	95
Sei keine Flasche!	96
Seinen Senf dazugeben	96
Sein Scherflein beitragen	96
Sich behaglich fühlen	97
Sich etwas aus den Fingern saugen	97
Sich in die Höhle des Löwen wagen	98
Sich verhaspeln	98
Sich verzetteln	98
Sich wie ein Schneekönig freuen	99
Sich wie ein Lauffeuer verbreiten	99
So ein Schlamassel!	99
So eine Geldschneiderei!	99
Spießbürger	100
Spinne am Morgen, bringt Kummer und Sorgen	100
Steinreich sein	101
Stein und Bein schwören	101
Stichhaltiges Argument	101
Süßholz raspeln	101
Tabula rasa	102
Tacheles reden	102
Toi toi toi!	102
Torschlusspanik haben!	102
Treib es nicht zu bunt!	103
Über die Stränge schlagen	103
Übers Ohr hauen	103
Umgekehrt wird ein Schuh daraus	103
Unbescholten sein	104
Unter aller Kanone	104
Unter aller Sau	104
Unter Dach und Fach	105
Unter die Haube kommen	105
Unter einer Decke stecken	105
Unter der Fuchtel von jemandem stehen	106
Verflixt und zugenäht	106
Viel Aufhebens um etwas machen	106
Viel Gedöns machen	106
Vierblättriger Klee bringt Glück	106
Vom Hundertsten ins Tausendste kommen	107
Vom Saulus zum Paulus werden	107
Von allen guten Geistern verlassen sein	108
Von langer Hand geplant	108
Von Tuten und Blasen keine Ahnung haben	108
Vor die Hunde gehen	108
Was für ein Wucher!	109
Was geht mich dein Kram an?	109
Wie bei Hempels unterm Sofa	109
Wie von der Tarantel gestochen	110
Wirf nicht die Flinte ins Korn!	110
Wo ist da der Haken?	111
Wonnemonat Mai	111
Zahl 13 bringt Pech	112
Zieh Leine!	112
Züngelein an der Waage	113
Zwischen den Zeilen	113